# MÉMOIRES

## D'UN

# NOTAIRE.

PAR LE COMTE

## ARMAND DE PONTMARTIN.

## II

PARIS,

GABRIEL ROUX ET CASSANET, ÉDITEURS,

33, rue Sainte-Marguerite-Saint-Germain.

1849.

# MÉMOIRES

# D'UN NOTAIRE.

# HISTOIRE

# DU ROI DE ROME

## (DUC DE REICHSTADT),

précédée d'un coup d'œil rétrospectif sur la Révolution, le Consulat et l'Empire,

### PAR J. M. CHOPIN,

AUTEUR DE L'HISTOIRE DES RÉVOLUTIONS DES PEUPLES DU NORD, DE L'HISTOIRE DE RUSSIE, DE DANEMARCK, ETC., ETC., SUIVIE D'UN PRÉCIS HISTORIQUE SUR

## LA FAMILLE BONAPARTE.

## OUVRAGE ILLUSTRÉ DE 20 BELLES VIGNETTES

Dessinées par MM. Jules David, Schopin, Latil, Baron, A. Marquet, Staal, et gravées par M. A. Portier.

## CONDITIONS DE LA SOUSCRIPTION :

L'Histoire du Roi de Rome et de la famille Bonaparte, illustrée, sera publiée en 65 livraisons.

L'ouvrage formera deux forts volumes, format très grand in-8°, papier vélin, contenant 20 gravures sur acier.

Le prix de la livraison est de 30 cent. pour Paris et 40 cent. pour la province.

Il paraîtra une livraison ou deux par semaine.

Les quarante premières livraisons sont en vente.

---

Imprimerie D'ÉDOUARD PROUX et comp., rue Neuve-des-Bons-Enfants, 3.

# MÉMOIRES

## D'UN

# NOTAIRE.

PAR LE COMTE

## ARMAND DE PONTMARTIN.

II

PARIS,

**GABRIEL ROUX ET CASSANET, ÉDITEURS,**

33, rue Sainte-Marguerite-Saint-Germain.

1849.

# DEUXIÈME PARTIE.

———

Le premier épisode raconté par Calixte Ermel
avait occupé cinq soirées ; car, bien qu'il vînt visiter
Charles de Varni plusieurs fois par jour, c'était
pour le soir qu'il réservait sa lecture. A mesure qu'il avançait dans ce récit, son auditeur l'é-
coutait avec une attention plus inquiète. Comme
tous les hommes organisés en artistes, Charles res-

1

sentait plus vivement ce qui frappait son imagination
par un côté romanesque que ce qui l'atteignait lui-
même d'une façon immédiate et directe. Ici, d'ailleurs, la réalité et le roman, l'émotion fictive et le
sentiment personnel s'associaient pour lui et se confondaient dans une sorte de mystère dont il ne pouvait pas encore soulever tous les voiles, mais dont sa
vive intelligence essayait déjà d'interpréter le sens. Il
devinait aisément que ce n'était pas sans dessein que
le vieux notaire avait justement choisi, parmi les divers épisodes dont se composaient sans doute ses
Mémoires, ceux qui, par la coïncidence des noms,
ressemblaient, pour lui et pour Charles, à des souvenirs de famille. Orphelin dès ses plus jeunes années, ayant vécu depuis dans un milieu d'agitations
extérieures et d'aventureuses rêveries qui l'avaient
détourné de toute réflexion trop sérieuse sur les évè-
nements où se perdaient ses premiers souvenirs,
M. de Varni s'y voyait peu à peu ramené à l'aide des
récits de Calixte Ermel ; et cela non par une brusque révélation, un bulletin sec et précis, mais par
un mystérieux détour, et dans des conditions bizarres qui lui faisaient apparaître l'histoire de ce

passé, comme ces poétiques légendes, fleurs des ruines qui animent de leurs pâles corolles les débris des
vieux châteaux et des manoirs écroulés. D'ailleurs,
en homme du métier, dilettante du moins en affaires
d'imagination et de critique, Charles se demandait,
de temps à autre, en écoutant maître Ermel, *où l'auteur voulait en venir*, et si le dernier acte de cette
tragédie domestique, commencée sous de si funèbres
auspices, n'allait pas tout-à-coup se rattacher à sa
propre destinée par quelque fil inattendu. Cette curiosité vague, cette anxiété indéfinissable s'emparait
de son âme avec une force toujours croissante, à laquelle les circonstances et le lieu de la scène ajou-
taient encore. La chambre où notre héros recevait
son vieil ami, froide, blanche, nue, presque sans
meuble, sans un seul de ces objets familiers qui nous
lient à nos demeures, offrait un aspect qui serrait le
cœur et le disposait aux émotions tristes. La lampe
qui éclairait cette chambre, concentrant sa lueur
douteuse sur le front ridé de M. Ermel, sur les feuilles
jaunies du manuscrit, sur la table grossière où s'ac-
coudait Charles, projetait de grandes ombres qui des-
sinaient sur le mur leurs capricieuses silhouettes.

L'ogive élégante de la petite fenêtre laissait apercevoir, à travers ses trèfles et ses dentelures, un coin du ciel où tremblottait, parmi les premières brumes d'automne, quelque pâle et mélancolique étoile. Lorsque le notaire interrompait sa lecture, on entendait confusément les bruits de la ville qui allaient en s'affaiblissant à mesure que l'antique horloge de Jacquemart annonçait la fuite des heures. Le chant rauque d'un passant attardé, un cri, un aboiement, un murmure, s'élevant au loin sur une des rives du Rhône et venant expirer aux barreaux de la prison; la voix plaintive du vent du sud, glissant le long du corridor, pareille au gémissement désolé d'un prisonnier invisible; un refrain populaire joué, dans quelque rue voisine, par un de ces orgues dont le son monotone, si odieux aux musiciens, n'est pas sans charme pour les rêveurs; tels étaient les accompagnemens ou les intermèdes de la lecture de ces Mémoires.

Maître Calixte Ermel s'apercevait sans peine de l'impression qu'il produisait sur M. de Varni; mais il n'en mettait que plus de soin à se renfermer dans son rôle de lecteur et de chroniqueur. Dès que l'heure

avancée l'obligeait de se retirer, il fermait méthodi-
quement son manuscrit, remettait ses lunettes dans
leur étui, se levait avec une dignité diplomatique,
et arrêtait toute question par la réserve un peu com-
passée de ses adieux. Bientôt ces précautions mêmes
devinrent à peu près inutiles. M. de Varni prit le
parti de se laisser faire, et de ne pas gâter par des
questions prématurées l'intérêt d'un drame qui lui
réservait peut-être une place au dénouement. Sûr de
l'attachement presque paternel du notaire, persuadé
qu'il avait ses raisons pour tenir ainsi suspendue
l'explication de ces évènemens, Charles fit comme
ces spectateurs de théâtre qui, une fois assis sur
leur stalle, s'en remettent à l'auteur des soins de
disposer à sa guise de leur attention curieuse, et se
fâcheraient si quelque officieux venait leur dire, dans
l'entr'acte, comment les choses finiront. Le culte de
l'imprévu, cette divinité fantasque dont notre héros
avait tou ours été le fervent adorateur, s'arrangeait
en outre à merveille de cette résignation patiente à
laisser maître Calixte Ermel retarder à son gré tout
éclaircissement et tout commentaire.

Tranquille de ce côté, M. Ermel n'avait plus qu'à se prémunir de son mieux contre les questions de son respectable ami, l'adjoint *juste-milieu*, le clair-voyant Denis Beaucanteuil. Comme tous les provin-ciaux qui s'ennuient, M. Beaucanteuil eût bien vo-lontiers cherché dans le mystère qui environnait son prisonnier, ce moyen de *passer une heure ou deux*, que Thomas Diafoirus trouvait dans la dissection. Pour lui, ce voyageur suspect, incarcéré, par excès de prudence administrative, dans la vieille tour pa-pale, était moins, il faut le dire, un sujet d'inquié-tudes politiques, qu'un incident quelconque jeté par un heureux hasard à travers la monotonie de son existence, et qui, savamment exploité, pouvait lui fournir cinq ou six bonnes journées d'interroga-tions, de perquisitions, de discussions, d'émotions et de divagations. Aussi Calixte Ermel le rencon-trait-il souvent sur ses pas, prêt à l'aborder avec cette physionomie à la fois goguenarde et perplexe qui faisait ressembler le digne Beaucanteuil à *l'in-terrogant bailli* de Voltaire. Mais le notaire était plus fin que son antagoniste; il se tint constamment sur ses gardes, exprimant avec une naïveté parfaitement jouée « des doutes d'autant plus importans à éclaircir, que ses opinions politiques le rendaient, disait-il, moins compétent dans cette affaire, et lui imposaient le devoir de laisser Beaucanteuil juge souverain d'une décision, arbitraire sans doute, mais justifiée par un excès de zèle. » A l'aide de cette phrase entortillée, comme toutes les phrases adroites, M. Ermel put tenir en échec l'embarrassante curiosité de son ami l'adjoint, qui ne tarda pas, en outre, à être absorbé par ses vendanges. Faut-il s'étonner, d'ailleurs, qu'un homme qui, en octobre 1846, prophétisait l'éternelle durée de la dynastie de Louis-Philippe, pût être aisément trompé par un notaire que de longues années d'étude avaient initié aux faiblesses de l'esprit humain ?...

Telles étaient les circonstances accessoires groupées autour des deux acteurs auxquels se rattachent ces récits, lorsque maître Calixte Ermel, le sixième jour, monta, comme d'habitude, l'escalier étroit et raide qui conduisait à la cellule de Charles de Varni, et, déroulant un second manuscrit, reprit sa mystérieuse lecture.

# TRENTE ANS APRÈS.

# 1.

Il faut maintenant, monsieur le vicomte, que je profite du privilége refusé par Aristote aux poètes tragiques, mais accordé aux romanciers par les lecteurs modernes, et que je vous prie de franchir avec moi un espace de trente années. Le 20 octobre 1786, vers huit heures du soir, quiconque eût connu les habitudes graves et calmes de maître Dominique Ermel, notaire et successeur de feu Margerin, son beau-père, aurait eu lieu d'être surpris du mouvement extraordinaire qui animait sa paisible maison, sise, ainsi qu'on peut la voir encore aujourd'hui, à l'angle de la rue Banasterie et de la rue du Vice-Légat. De belles dames fort élégamment parées y arrivaient en chaise à porteur ; d'honnêtes bourgeois, plus modestes dans leur allure, s'y acheminaient à pied, donnant le bras à leurs femmes et à leurs filles, et précédés de leurs servantes, chargées de ce classique fallot qui fut long-temps, en province, le réverbère portatif de la petite propriété. Nouveauté incroyable chez un marguillier de Saint-Pierre, et bien faite pour effaroucher les dévotes du voisinage ! deux musiciens, ornés l'un du gai tambourin provençal qu'il portait en sautoir et qu'accompagnait le joyeux galoubet, l'autre d'un antique violon, précurseur fort lointain de Paganini et plus doux au regard des jeunes filles qu'à l'oreille des mélomanes, frappaient, en fredonnant, à la respectable porte. Des marmitons, pliant sous le faix de leurs appétissantes corbeilles, des cafetiers dont les larges sorbetières renfermaient ce célèbre punch à la romaine, si cher aux gourmands méridionaux, des perruquiers, des modistes, des couturières, des curieux et des oisifs, tout ce personnel obligé des jours de gala, encombraient cette rue ordinairement silencieuse, et où, dès huit heures du soir, les passans deviennent fort rares. Au dedans, tout répondait à ce mouvement extérieur ; un feu cyclopéen flambait dans la cuisine, où retentissaient les cris des domestiques affairés, le grincement du tourne-broche et la voix magistrale de la cuisinière cherchant à défendre son domaine contre les empiétemens du dehors. La cage de l'escalier, transformée en serre chaude, disparaissait sous un vert rideau d'orangers, de citronniers et de jasmins d'Espagne. Les clercs de l'étude, heureux d'être délivrés pour quelques heures de leurs paperasses, couraient d'une pièce à l'autre, organisant le service, installant l'orchestre, étiquetant les places, engageant d'avance pour le bal les jeunes personnes maigres et les mamans menacées d'un excès contraire. Enfin, l'on voyait paraître de temps à autre, à la porte du salon ou de l'antichambre, les bienveillantes figures de

maître Dominique ou de madame Antoinette Ermel,
sa femme, souriant à tout venant avec ce mélange
de joie, d'empressement et d'émotion qui caractérise
certains évènemens de la vie.

C'était, en effet, un bien grand évènement pour
Dominique et Antoinette ; ils venaient de marier,
le jour même, leur fils unique, Agricol Ermel, à la
jolie Adeline Morin, fille d'un de leurs bons amis, et
digne, sous tous les rapports, d'entrer dans leur famille. Ce mariage réunissait cet ensemble de conve-
nances et de sympathies réciproques, si difficile à
rencontrer en pareille circonstance, et qui ôte à cet
engagement irrévocable ce qu'il a d'inquiétant, pour
ne lui laisser que l'ineffable douceur des affections
éternelles. Aussi le bonheur sincère, passionné, qui
illuminait le visage des deux jeunes époux, se reflétait sur la figure d'Antoinette, belle encore malgré
ses cinquante ans : car la sérénité de son âme et la
pureté angélique de sa vie, partagée entre les soins
de sa maison, de longues heures à l'église, et l'a-
mour de son mari et de son fils, lui avaient con-
servé, en dépit de la fuite du temps, la limpidité de

son regard et la suavité de ses traits : seulement,
quelques légers fils d'argent couraient çà et là à travers ses cheveux blonds, et s'harmoniaient du reste
à merveille avec l'expression douce et reposée de sa
physionomie. Bien qu'il fût à peine plus âgé qu'elle,
Dominique semblait avoir dix ans de plus : sa taille
élégante s'était affaissée. Son œil intelligent et vif
paraissait assombri par une pensée triste, une préoc-
cupation douloureuse dont on eût pu demander le
secret aux rides fines et déliées qui cerclaient ses
tempes et son front de leur inexorable réseau. De
temps à autre, on eût dit qu'une agitation inquiète
et nerveuse le saisissait au milieu de la joie du moment, et le reportait vers un avenir ou un passé rempli de sinistres mystères. Si, à propos de deux êtres
aussi modestes, on pouvait se permettre une comparaison poétique, je dirais que le bonheur de
M<sup>me</sup> Ermel ressemblait à un de ces ciels si purs et si
bleus que rien ne semble pouvoir les troubler, et
celui de Dominique à un de ces horizons où, à travers l'azur et les clartés du soir, on peut reconnaître ou pressentir la trace ou l'annonce d'un orage.

En parcourant du regard ce salon où, grâce à sa réputation sans tache et à sa brillante clientèle, maître Ermel avait pu inviter des hôtes de distinction, et où plusieurs noms illustres se mêlaient aux notabilités bourgeoises, il était impossible de ne pas être frappé par l'aspect d'un homme d'environ soixante ans, entièrement vêtu de noir, et que son grand air, sa taille élevée, sa tête d'une beauté sévère et presque dure, quelque chose de mélancolique et de sombre répandu sur toute sa personne, faisaient remarquer au milieu de cette foule insouciante et animée. Les maîtres de la maison lui témoignaient une respectueuse déférence, empreinte cependant d'une sorte d'effroi et de répulsion insurmontable. Etranger de cœur et d'esprit à la fête, il était facile de comprendre qu'il n'y était venu que pour faire acte de courtoisie : aussi, malgré ses efforts pour sourire et donner autour de lui quelques marques de bienveillance, sa nature hautaine se trahissait par le pli superbe qui fronçait ses sourcils grisonnans et gaufrait son grand front chargé de nuages. A côté de lui, comme pour former un charmant contraste, un beau et sémillant jeune homme, vêtu comme les élé-

gans de cette époque, complimentait Agricol Ermel
avec cette franchise, cette expansion juvénile qui
va au cœur parce qu'elle en vient, et rapproche,
mieux que toutes les lois du monde, les distances
sociales.

Ce sexagénaire à l'aspect lugubre et soucieux, c'é-
tait le vicomte de Varni, l'homme qui a joué un rôle
si terrible dans la première partie de ces Mémoires :
cet aimable et élégant jeune homme, c'était son fils,
Elzéar de Varni, marié depuis un an à peine. La suite
nous apprendra quels évènemens avaient pu amener
à se rencontrer dans le même salon et dans des
conditions de politesse affectueuse, l'époux de l'infortunée Maria et l'ami du malheureux Gaston de
Tervaz : pour le moment, il suffit de dire qu'Elzéar de Varni était le fils d'une seconde femme du
vicomte, morte depuis plusieurs années, et dans des
circonstances douloureuses qui ne sont pas étran-
gères à ce récit.

Au moment où se rouvrent mes Mémoires , le tambourin et le violon, après avoir essayé vainement de

s'accorder, se résignaient à racheter par un joyeux entrain leurs licences musicales, et donnaient le premier signal de la danse. De petits pieds impatiens battaient la mesure sur le parquet : de gracieux sourires, des provocations innocentes, s'échangeaient de groupe en groupe. Le bonheur d'Agricol et d'Adeline, secrètement envié par les jeunes gens et les jeunes filles qui s'apprêtaient à figurer dans le bal, leur inspirait à tous des idées matrimoniales, et stéréotypait sur tous ces frais visages des contrats de mariage en expectative. C'était un de ces momens, bien rares dans la vie humaine, où le bonheur, isolé d'ordinaire comme une exception, devient contagieux, magnétique, et remplit les âmes les plus indifférentes d'une sorte d'inexplicable bien-être.

En cet instant, Elzéar de Varni s'approcha de la mariée avec une politesse exquise, et lui dit en s'inclinant à demi devant elle :

— Veuillez m'excuser, Madame, si je me prive du bonheur que j'avais espéré de danser avec vous le premier menuet ; c'est à grand'peine que je me suis dérobé, pour une heure, au poste que m'assignait mon devoir de bon mari ; et ce n'est pas vous, j'en suis sûr, qui me blâmerez, si j'avoue que j'ai hâte d'aller voir ce qui se passe chez moi...

— Oh! Monsieur! se hâta de répondre Agricol, pendant qu'Adeline, rouge et confuse, balbutiait quelques vagues monosyllabes; malgré la reconnaissance et la joie que nous cause votre précieuse présence, je me reproche toutes les minutes que vous perdez ici : à l'heure où je parle, M^me de Varni peut-être...

— Non, pas tout-à-fait encore, reprit en souriant Elzéar; j'ai dit qu'on vînt me chercher tout de suite, s'il y avait lieu : mais il n'en est pas moins vrai que, dès ce matin, ma chère Adrienne a commencé à ressentir les premiers symptômes... vous connaîtrez cela l'année prochaine ! ajouta Elzéar en se tournant de nouveau vers Adeline dont il redoubla le trouble et la rougeur.

— Ah! Monsieur! vous voulez plaisanter, mais je suis homme à ne pas vous faire mentir, répondit Agricol avec une gaîté de bon goût : vos exemples sont trop excellens à suivre !

— Ainsi donc, vous ne m'en voulez pas trop si je vous quitte ? dit Elzéar en serrant cordialement la main d'Agricol.

— Nous vous remercions deux fois : d'abord d'avoir bien voulu venir, ensuite de nous associer à ce moment rempli pour vous d'émotions si douces et si vives. Oui, Monsieur, retournez auprès de Mᵐᵉ de Varni; nos vœux vous y suivent; et que, cette nuit, un beau garçon, bien frais et bien rose, vienne réjouir votre noble cœur et perpétuer votre noble race !

Pendant qu'il prononçait ces derniers mots avec l'enthousiasme et l'abandon familiers à son âge, une pâleur soudaine envahissait le visage de Dominique, placé derrière lui. Il tressaillit, comme si ces simples paroles l'avaient rejeté en face d'une réalité terrible, et ce mouvement d'inquiétude ou d'épouvante devint plus marqué encore, lorsque le vieux vicomte, lui frappant doucement sur l'épaule, lui dit avec une tristesse qu'il ne cherchait pas à dissimuler :

— Et moi aussi, maître Ermel, je vous demande la permission de me retirer : moi aussi, j'ai hâte de retourner auprès de ma belle-fille, et de savoir si, en me donnant un petit-fils, elle fera luire encore un dernier rayon de bonheur dans mon âme si cruellement éprouvée : d'ailleurs, vous le savez, tout m'interdit les fêtes de ce monde ; mes souvenirs, mes chagrins, ce deuil que je porterai toute ma vie !

— Croyez bien, Monsieur le vicomte, reprit respectueusement le notaire, que je ressens, comme je le dois, l'honneur que vous nous avez fait en consentant ainsi à rompre vos habitudes sédentaires pour venir assister au mariage de mon fils. Agricol et moi, nous conserverons éternellement le souvenir de cette marque de bontés ; mais nous vous témoignerions bien mal notre reconnaissance, si nous cherchions à vous retenir une seconde de plus...

Le vicomte de Varni, s'appuyant alors sur le bras

de son fils, jeta un coup d'œil rapide autour de lui, adressa un salut poli, mais froid, aux personnes de sa connaissance ; puis, prenant définitivement congé des maîtres de la maison, il sortit à pas lents, accompagné de Dominique et d'Agricol, qui insistèrent pour le reconduire jusqu'au bas de l'escalier.

Malgré l'affabilité charmante d'Elzéar de Varni, telle était l'impression de crainte et de malaise que l'on ressentait involontairement en présence du vicomte, que la sortie des deux nobles convives fut le signal d'un redoublement de gaîté, et que toutes les poitrines parurent respirer plus librement. Le bal commença donc sous les plus aimables auspices. Agricol Ermel prit sans façon pour danseuse sa charmante Adeline ; c'était plaisir de regarder ces deux êtres qu'aucune des misères de la vie n'avait encore effleurés, se livrant, avec un délicieux abandon, au bonheur de s'appartenir pour jamais. Leurs regards limpides ressemblaient à ces eaux transparentes qui laissent voir, à des profondeurs infinies, tout ce que leur lit renferme de sable d'or, de pierres fines et de mystérieuses floraisons. Dans les entrelacemens de la danse, leurs mains se rencontraient sans cesse, et cette douce pression faisait bondir le cœur du jeune homme, faisait pâlir d'une sensation inconnue les joues veloutées de la jeune femme. Assis près de la cheminée, leurs parens les contemplaient avec un complaisant sourire. En voyant son fils si heureux, Dominique se reportait vers l'époque lointaine déjà, mais toujours vivante dans sa mémoire, où lui aussi avait pressé contre son cœur enivré, cette douce et angélique Antoinette, long-temps aimée sans espoir. Peu à peu, le souvenir du bonheur sans mélange qu'il avait goûté auprès d'elle, du charme ineffable qu'elle avait répandu sur sa vie, et qui, bien souvent, était devenu son refuge contre de secrètes douleurs, s'empara de toute son âme et chassa de son front les nuages qui s'y étaient amassés. Il semblait qu'après un effort intérieur, Dominique réussissait enfin à rejeter dans la nuit du passé d'importunes images, et à ne plus voir que le riant tableau placé sous ses yeux.

En ce moment, un des clercs de son Étude, qui était sorti pour s'occuper de quelques détails de la fête, s'approcha de lui, et lui dit à l'oreille qu'un étranger, accompagné d'un enfant de treize à quatorze ans, venait d'entrer dans son cabinet et demandait à lui parler.

Bien que cette annonce n'eût rien en elle-même de très extraordinaire, Dominique, brusquement réveillé de son doux rêve, se sentit saisi d'un frémissement invincible. Il se leva sans mot dire et se dirigea vers son cabinet, situé à l'autre extrémité du premier étage. L'homme qu'il y trouva et qui restait debout en l'attendant, était d'une haute stature, d'une figure mâle, énergique, fortement accentuée, à laquelle le contraste de ses cheveux presque blancs avec les tons bronzés de son teint, ajoutait un caractère particulier. La coupe et l'ensemble de ses vêtemens avaient quelque chose d'étranger; il portait de longues bottes noires à l'écuyère sur une culotte de velours noir. Un pourpoint de voyage de même étoffe, un manteau brun, un feutre à larges bords, complétaient ce sévère costume. L'enfant auquel il donnait la main, et qui se collait à lui, en regardant à droite et à gauche avec un air d'étonnement et de curiosité craintive, était admirablement beau ; mais il y avait dans cette beauté même je ne sais quoi de sauvage et d'inquiétant.

Dominique Ermel avait à peine eu le temps de se remettre de son trouble, que l'inconnu, jetant sur lui un regard rempli d'un feu sombre, tempéré pourtant par une indicible mélancolie, lui dit en assez bon français :

— Suis-je donc si changé par les chagrins et par l'âge, que mon plus vieil ami ne me reconnaisse pas?...

Une idée, un souvenir, un frisson traversa l'âme de Dominique comme une pointe d'épée.

— Claude Rioux! s'écria-t-il en frémissant.

— Non : mais Claude d'Arrioules ! reprit l'étranger ; il n'y a plus de Claude Rioux; trente ans ont passé sur l'évasion de Toulon : la prescription est acquise : et d'ailleurs, aucun regard humain, excepté le vôtre, ne pourrait aujourd'hui reconnaître mes traits ; n'est-ce pas, Dominique?...

—C'est vrai, dit le notaire ; puis il ajouta après quelques momens d'hésitation :

—Ce bel enfant est sans doute le vôtre, celui de l'infortunée Julie ?

— Oui, répondit Claude : Jérôme, poursuivit-il en s'adressant au jeune garçon, baise la main de monsieur...

Jérôme s'avança, ses grands yeux bruns toujours fixés sur Dominique avec leur expression d'étonne-ment presque farouche ; il essaya de lui prendre la main pour obéir à son père ; maître Ermel ne lui en laissa pas le temps, et, se penchant vers lui, il l'em-brassa avec une douloureuse tendresse.

— Comme il ressemble à sa mère! bégaya-t-il après un nouveau silence.

— Et la ressemblance ne se borne pas aux traits du visage, reprit Claude. Vous allez voir! —Jérôme, dit-il à son fils, qu'éprouves-tu pour la mémoire de Gaston et de Maria ?

Un ardent amour, une sorte d'adoration enfantine se peignit sur le visage de Jérôme.

—Bien, mon fils... Et pour le vicomte de Varni?...

Dominique tressaillit, en lisant sur cette figure si belle et si jeune l'expression soudaine d'une haine instinctive et féroce.

— Vous le voyez, dit alors Claude au notaire, je ne me lasse pas d'obéir à la voix qui nous crie du fond de la tombe. Je prépare mon fils, dès ses plus jeunes années, à continuer un jour ma tâche. Je suis fidèle au serment du 10 octobre 1756. Et vous, Dominique?

Maître Ermel baissa les yeux et ne répondit pas. Claude reprit :

—Je viens vous demander compte de ce que vous avez fait jusqu'ici ; je viens convenir avec vous de ce que nous aurons désormais à faire : pouvez-vous m'accorder quelques heures d'entretien ?

— Mais, répondit timidement Dominique, j'ai marié mon fils aujourd'hui ; ce bruit que vous entendez d'ici, c'est celui de la fête de famille par laquelle nous célébrons ce mariage...

— C'est vrai : de la musique ! un violon ! interrompit Claude avec une sombre ironie : au fait, vous êtes heureux, vous : vous avez vu paisiblement grandir votre fils sous l'œil vigilant de sa mère : rien n'a troublé la douceur de votre union avec cette chère Antoinette, à qui son bon ange a caché les mystères terribles qui nous lient à la mémoire de Maria et de Gaston !... Je comprends que cette félicité paisible vous ait amolli le cœur, et que vous commenciez à oublier !...

—Eh bien ! reprit le notaire, je vais faire dire au salon qu'une affaire importante et imprévue me retiendra ici une partie de la nuit. Occupé comme je le suis d'ordinaire, ce surcroît de travail ne surprendra personne. D'ailleurs, Agricol et Adeline sont absorbés par leur bonheur, et un pauvre vieillard comme moi est trop inutile dans un bal, pour qu'on

s'inquiète beaucoup de mon absence. Claude, je suis
à vos ordres !

D'Arrioules défit son manteau , dont il enveloppa
Jérôme qu'il établit sur deux chaises, pensant que le
sommeil ne tarderait pas à le gagner. Pendant ce
temps, maître Ermel jeta dans l'âtre quelques bras-
sées de menu bois, afin de réchauffer cette pièce
qu'octobre avait déjà rendue froide et humide : ensuite les deux amis s'installèrent au coin de la cheminée, et tous deux restèrent un moment silencieux,
courbés sous le poids de leurs souvenirs.

La joyeuse musique du bal arrivait vaguement jusqu'à leurs oreilles : on entendait, de temps à autre,
les sons aigus du galoubet, dominant l'ensemble, ou
quelque frais éclat de rire, s'élevant tout-à-coup au-
dessus du murmure des instrumens et des voix,
comme une broderie sonore.

LES SOUVENIRS.

**II.**

Si j'avais quelque prétention, monsieur le vicomte, à faire de mon récit un roman régulier, j'établirais ici, entre Dominique et Claude réunis après trente années de séparation, un de ces dialogues rétrospectifs où, sous prétexte de se révéler l'un à l'au-

3

tre ce qu'ils savent déjà parfaitement, ils initieraient le lecteur à tout ce qu'il doit savoir. En effet, pendant ces heures solennelles, destinées, dans la pensée de Claude, à servir de date entre le passé et l'avenir, les deux amis revinrent avec une sorte de douloureuse complaisance sur des souvenirs, vivans pour tous deux; et où leur cœur avait toujours quelque chose à retrouver, si depuis long-temps leur curiosité n'avait plus rien à y apprendre. Mais, je l'avoue, j'éprouve une certaine répugnance pour ces inventaires dialogués, où les besoins du récit et les préoccupations de l'auteur se trahissent sous les formes suivantes, répétées de mille façons diverses, dans une foule de tragédies, de romans et de drames :

— Vous ne pouvez avoir oublié ce qui se passa à cette époque, etc.

Ou bien : Je sais ce que vous allez me dire ; vous allez me rappeler cette journée terrible où, etc.; etc.

Ou bien encore : Faut-il donc remettre, pour la

centième fois, sous vos yeux, l'image de cet homme cruel, de cette femme infortunée qui, etc.

Et à l'aide de ces utiles retours de mémoire, un des personnages raconte et détaille tout au long des évènemens qui peuvent être très intéressans, très nouveaux pour tout le monde, excepté pour l'inter-locuteur. Cette méthode, toute classique qu'elle puisse être, ne m'a jamais paru bien satisfaisante, et je rends grâce à la libre allure de mes récits, qui me permet de m'en passer.

Tout ce que purent se dire Dominique et Claude, dans ce sombre tête-à-tête où le notaire se trouvait jeté au sortir des joies paisibles d'une noce de famille, et pendant que la musique et la danse retentissaient encore sous son toit, nous le retrouverons dans une correspondance qui fait partie essentielle de ces Mé-moires. Ces lettres, ces fragmens écrits, à différens intervalles, par les personnages que nous connais-sons, et sous l'inspiration des évènemens qui les leur dictaient, offriront peut-être un mérite de sponta-néité qui manque aux histoires écrites après coup et d'après un plan trop bien arrêté. Les caractères, les passions, les sentimens, toute cette vie intérieure, idéale, qui palpite sous la vie extérieure et réelle, y ressortira d'ailleurs plus nettement, éclairée et dessinée par les faits eux-mêmes, comme ces lointains de paysage, qui changent, sinon de nature, au moins d'aspect, sous la nuée qui passe, le rayon qui brille, ou la fumée flottante que le vent chasse à l'horizon.

# DOMINIQUE A CLAUDE.

3 mai 1757.

Je fais passer, mon cher Claude, chez les banquiers Ciliano et Buonaresta, de Florence, une
somme de vingt mille francs, payable à votre ordre,
et provenant de la succession de notre chère et infortunée vicomtesse. Le reste suivra de près, jusqu'à
solde entière ; car vous devez comprendre avec quelle
scrupuleuse exactitude je tiens à m'acquitter de cette
dette sacrée. Ainsi que nous en sommes convenus en
nous séparant, ces banquiers, avec lesquels l'Étude
Margerin entretenait depuis longues années une cor-

respondance et des relations suivies, nous serviront
d'intermédiaires, jusqu'à ce que je sache d'une manière positive où vous fixez votre aventureuse destinée. Vous ne serez connu chez eux que sous le nom
de C. d'Arrioules, gentilhomme français, forcé de
chercher un asile en Italie, à la suite d'un enlève-
ment ou d'un duel : votre Julie est assez belle pour
autoriser la première de ces suppositions, et vous
avez l'air assez résolu pour justifier la seconde.

Je joins à mon envoi le récit rapide des évènemens
accomplis après votre départ. De qui vous parlerais-
je d'abord, si ce n'est d'Antoinette? Je renonce à
vous dire quel a été son désespoir lorsque, déjà brisée par la mort de madame de Varni, il m'a fallu lui
apprendre que Julie avait disparu, et ajouter que
tout se réunissait pour faire croire à sa mort et à la
vôtre. En effet, mon cher Claude, vos ordres avaient
été fidèlement exécutés ; vous aviez pensé que, pour
être plus sûrs de remplir tôt ou tard la mission de
vengeance que nous léguait madame de Varni, mieux
valait vous faire passer pour morts, Julie et vous. J'ai
agi en conséquence ; le lendemain de votre départ,

des lambeaux de votre casaque de galérien, le ruban noir que Julie nouait d'habitude autour de sa coiffe, et la croix qu'elle portait sur sa poitrine, ont été trouvés au bord de la mer, du côté de Porquerolles ; la croix était enveloppée dans un morceau de papier sur lequel on lisait ces mots : « Pour Antoinette. » Comme rien n'est plus facile, surtout à l'aide des imaginations méridionales, que de donner de la consistance à une nouvelle tragique, j'ai réussi aisément à faire prévaloir le bruit, assez vraisemblable du reste, que vous vous étiez évadé pour revoir Julie encore une fois ; que, sûr d'être repris, vous aviez mieux aimé mourir, et que Julie, la tête perdue par suite des lugubres scènes auxquelles elle venait d'assister, folle de douleur et d'amour, n'avait pas voulu vous survivre et s'était jetée dans la mer avec vous, en laissant un souvenir pour sa compagne. Ah ! j'ai eu besoin de tout mon courage pour maintenir et accréditer cette fable. Antoinette, si calme et si douce d'ordinaire, se tordait à mes pieds, en me suppliant, les mains jointes, de lui laisser un peu d'espérance : dix fois, j'ai été sur le point de lui tout révéler ; mais je me suis souvenu des ordres que vous m'aviez donnés avec tant de force et d'énergie. Il me semblait que, depuis la mort et le testament de madame de Varni, c'était vous qui deveniez l'arbitre de notre avenir, vous qui aviez le plus souffert !

Sur ces entrefaites, M. de Varni est arrivé ; il a tout appris en même temps, la mort de sa femme, la disparition et la mort probable de Julie et de vous. Je ne sais si ce méchant homme a été dompté par cet amas de victimes, frappées, tuées, perdues par lui ; mais le fait est que je l'ai vu pâlir et chanceler, et que, depuis ce moment, sa conduite a été un sujet de surprise pour tous ceux qui connaissent cet immense orgueil, cette volonté de fer, ces passions implacables. Je ne parlerai pas des marques extérieures d'affliction et de regret qu'il a prodiguées au souvenir de madame de Varni, ni du monument magnifique qui remplacera l'humble tombe improvisée par nous : ce luxe de douleur posthume pouvait être de l'orgueil encore ; sous ce deuil fastueux pouvait se cacher le désir de donner le change, de sauver les apparences, de maintenir intact ce fantôme d'honneur et de renommée auquel il avait fait déjà tant de criminels sacrifices. Mais sa conduite envers moi a été plus surprenante encore. Je redoutais, je l'avoue, l'effet que produirait sur cette âme ombrageuse et altière le testament de madame de Varni qui m'instituait son unique héritier... Eh bien! pas un muscle de son visage n'a trahi ni mécontentement ni rancune : même ( bizarres subterfuges des cœurs les plus dépravés ! ) on eût dit qu'il y avait pour lui une sorte de soulagement, un commencement de réparation à rester ainsi étranger à tout ce qui avait appartenu à cette femme, morte sans doute en le maudissant. D'ailleurs, il est si riche ! qu'est-ce pour lui que quelques colliers de pierres précieuses, une maison de campagne et quelques arpens de jardin ! Aussi, foi de notaire ! jamais homme déshérité ne s'est résigné plus aisément. Il a affecté de croire, et je n'ai rien négligé pour l'affermir dans cette opinion, que sa femme, au moment de mourir, voyant auprès de son lit les deux compagnes, les deux amies de son enfance, et ne pouvant rien faire pour Julie à cause de votre condamnation, avait reporté sur Antoinette toutes ses pensées bienfaisantes, s'était demandé de quelle façon elle pouvait aplanir le seul obstacle qui me séparait d'elle, et avait dicté ce testament, pour qu'au moins son regard , avant de se fermer pour jamais , pût s'arrêter sur une consolante image. Telle était d'ailleurs l'opinion d'Antoinette et de son père, et telle est l'explication qu'a adoptée M. de Varni.

Encouragé par son empressement à ratifier le testament de sa femme, M. Margerin m'a alors présenté à lui comme son futur gendre et successeur , en lui demandant de ne pas retirer sa confiance à une Etude qui s'enorgueillissait de le compter au nombre de ses cliens. Le vicomte a alors fixé sur moi son regard sombre et hautain; soit que ma physionomie lui ait paru réunir les conditions d'honnêteté désirables, soit qu'il fût toujours poursuivi par une pensée de réparation envers sa victime, il a fait un signe d'assentiment, et m'a dit même d'assez bonne grâce qu'il resterait toujours fidèle à une Etude où d'honorables traditions allaient se continuer en ma personne. Claude! n'y a-t-il pas quelque chose de providentiel (j'allais dire de fatal) dans cette rencontre qui, cinq ou six jours à peine après la catastrophe et le pacte du 10 octobre, établissait ainsi un premier lien entre l'homme désigné à notre vengeance, et un de ceux que madame de Varni a choisis pour instrumens ? Quoi qu'il en soit, après avoir semé l'argent à pleines mains à Avignon et à Hyères, après avoir fondé des dotations pieuses dans plusieurs églises où l'on priera jour et nuit pour la défunte ; après avoir fait, en un mot, tout ce qu'eût fait à sa place l'époux le plus aimant et le plus affligé, le vicomte est reparti pour Paris, où il va probablement chercher des distractions nouvelles dans les soucis de l'ambition ou dans l'entraînement des plaisirs.

Hélas ! mon cher Claude ! voici qu'un bulletin funèbre se rencontre encore sous ma plume. Le père Thibaut n'a pu survivre à la disparition de sa fille. Vous savez sans doute que depuis l'horrible épisode de l'inondation, ses facultés mentales étaient affaiblies : il n'avait jamais compris grand'chose à tous ces évènemens, sinon que Julie était au désespoir, que vous étiez au bagne, et qu'il y avait peut-être là-dessous un mystère plus épouvantable encore. Dès lors nous avions vu cet homme, d'une santé si florissante, d'une humeur si expansive, tomber dans une sorte de maladive apathie. Il s'asseyait au soleil, au bord du Rhône, suivant du regard les barques et les promeneurs, jusqu'à ce que Julie, s'arrachant des mains fiévreuses de madame de Varni qui eût voulu la garder constamment auprès d'elle, vînt, par sa présence, ramener un pâle rayon de joie sur ce front sénile et à demi hébété. Jugez quel nouveau coup a dû atteindre ce cerveau déjà ébranlé, lorsqu'à mon retour d'Hyères j'ai été forcé de lui annoncer que madame de Varni était morte, que Julie avait disparu, que de sinistres indices nous faisaient croire à sa mort et à la vôtre : là encore j'accomplissais votre ordre; j'étais cruel pour vous obéir. Il n'a pas pleuré; mais il a éprouvé une commotion intérieure à la suite de laquelle il lui est devenu impossible de marcher et de parler : il s'est traîné ainsi pendant tout l'hiver; je ne puis vous rendre l'impression de tristesse qui me serrait le cœur, lorsque j'entrais dans la salle basse de ce cabaret qui me rappelait tant de souvenirs, et que j'y trouvais ce vieillard moribond, muet, dont l'œil terne semblait sans cesse chercher un visage absent. Au reste, il n'a pas été un instant délaissé. Antoinette avait voulu remplacer Julie; elle l'a

soigné avec un dévoûment incomparable : ah ! que
sommes-nous, nous autres égoïstes, quand nous nous
comparons à ces anges de bonté et de tendresse ? Si
j'avais pu apprendre à l'aimer davantage, c'eût été
en la voyant prodiguer ces soins d'une délicatesse fi-
liale au père de sa compagne. Que de prévenances
attentives ! Quelle sérénité affectueuse dans l'accomplissement de cette triste tâche ! — A la fin, il y a
trois semaines, par une tiède soirée de printemps,
le pauvre vieillard s'est éteint : nous étions auprès
de lui ; Antoinette agenouillée à ses pieds ; deux ou
trois voisins groupés dans la chambre ; il m'a semblé
que ses lèvres remuaient ; je me suis penché vers
lui, et, dans ce souffle imperceptible, j'ai cru démêler le nom de Julie ; alors il m'est venu une bonne
inspiration. Voyant que Thibaut n'avait plus que
quelques instans à vivre, qu'il ne pouvait parler, que
notre secret ne pouvait plus être trahi, je lui ai dit à
voix basse : — Julie n'est pas morte ; elle est heureuse ; elle vous prie de la bénir. — Sans doute,
lorsqu'approchent les étonnemens de la mort, aucune
surprise terrestre n'est plus possible, car Thibaut n'a
pas eu l'air de douter de mes paroles ; il m'a regardé

avec une expression indicible de joie et de remercî-
ment, et en inclinant la tête, pour faire signe qu'il me
croyait. Puis, étendant ses mains dans le vide comme
pour bénir, il les a laissé retomber sur Antoinette,
et, le sourire sur les lèvres, il a rendu le dernier
soupir.

Maintenant, mon ami, pour ne pas finir ma lettre
d'une manière aussi. triste, je vous dirai qu'enfin,
après les préliminaires et les transactions d'usage,
maître Margerin vient de me céder son Étude, et que
je suis depuis huit jours le mari d'Antoinette. Oui,
Antoinette est à moi; je ne sais comment j'ai eu le
courage de vous parler d'autre chose que de mon
bonheur; et maintenant il me semble que je n'ai plus
la force de vous en parler; la seule idée de ce bonheur
fait palpiter mon cœur et trembler ma main... Mes
lèvres enivrées ont pu sécher, dans ces yeux si doux,
d'autres larmes que des larmes de tristesse : j'ai vu
ce front céleste pâlir, rougir, pâlir encore... Oh!
restez silencieuses et voilées, ivresses d'un amour
sans bornes, chastes et brûlantes extases! ou plutôt,
Claude, avez-vous besoin qu'on vous dise ce qu'on

— 47 —

éprouve en tombant ainsi, après de longs jours de
douleur et d'attente, aux pieds de sa bien-aimée?
Vous aussi, au moment où je vous écris, vous pressez
peut-être dans vos bras votre adorable Julie; vous
aussi vous apprenez comment peuvent s'oublier et
s'anéantir tant d'heures de souffrance et d'angoisse.
Que dis-je? votre félicité doit être plus immense encore que la mienne : n'avez-vous pas été mille fois
plus malheureux? Passer des tortures du bagne dans
les bras de Julie, n'est-ce pas un rêve? Et ce rêve
impossible, inouï, vous l'avez réalisé... Claude, il me
reste à vous faire un aveu : ces ineffables délices, je
les dois, comme vous, à madame de Varni; l'infortunée avait espéré pour elle-même un sort pareil au
nôtre : le voyant s'évanouir et ne lui laisser qu'une
réalité affreuse, elle a tourné ses regards vers ceux
qui avaient souffert pour elle, avec elle, et elle nous
a légué ce bonheur dont elle se sentait déshéritée.
Voilà ce que je me redis sans cesse : ma fortune, ma
joie, le sourire d'Antoinette, les souvenirs du passé,
les émotions du présent, tout me parle de madame
de Varni; son image est constamment présente à ma
pensée; et plus elle a fait pour moi, plus je devrais

être prêt à accomplir ses ordres suprêmes... Eh bien !
il y a des momens où cette image m'importune, où
l'idée de cette vengeance dont elle nous a fait les
exécuteurs passe sur mon bonheur comme un nuage,
et où Antoinette me demande, avec une surprise inquiète, pourquoi cette mélancolie soudaine, inexplicable, qui assombrit tout-à-coup mon front... Je le
sens, mon cœur n'était pas fait pour haïr ; je serais
mort mille fois pour madame de Varni; j'aurais donné
mon sang pour qu'elle fût heureuse ; mais aujour-
d'hui je ne suis plus à la hauteur du rôle que sa main
mourante m'a tracé. Aimer, posséder Antoinette,
s'enivrer du souffle embaumé, des suaves caresses de
cette divine créature que l'ange du mal n'effleura jamais de son aile , c'est devenir incapable de tout ce
qui n'est pas tendresse, bonté, clémence et pardon...
Oui, l'excès du bonheur m'ôte le courage de la haine,
et à force de ressentir l'immensité du bienfait, j'oublie ce qu'a exigé de moi la bienfaitrice. Claude ! il
me semble, en écrivant ces lignes, que je vais vous
voir paraître devant moi, prêt à me demander un
compte sévère : que ne puis-je du moins vous presser la main! Je subirais vos reproches, et je vous pro-

mettrais obéissance, comme je l'ai promise à la vicomtesse. Vous me parleriez d'elle, vous me parleriez de Julie. Où êtes-vous? Que faites-vous en ce moment? Etes-vous heureux? Julie est-elle votre femme?
Etes-vous délivré de ces incertitudes, de ces ennuis
réservés à l'homme qui s'exile, surtout lorsque, mort
pour sa première patrie, il est forcé, comme vous,
de s'en créer une seconde, avec un nouveau nom et
une vie nouvelle? Avez-vous choisi, dans quelque
fraîche solitude, un nid pour vos amours? Ecrivez-
moi vite; dites-moi où mes prochaines lettres doivent
aller vous chercher. Puisque la destinée nous sépare
au moment où il eût été si doux d'être réunis, dé-
dommageons du moins notre amitié par ces causeries lointaines qui sont à la pensée ce que le portrait
est au regard, et qui maintiendront entre nous, à
travers l'absence, un mystérieux lien. Adieu; dites à
Julie que je vous aime pour deux, puisqu'Antoinette
ne peut plus, hélas! vous aimer qu'en vous pleu-
rant.

## JULIE A DOMINIQUE.

Baveno, 12 septembre 1757.

C'est moi, mon cher Dominique, qui répondrai à
votre lettre ; mon pauvre Claude n'est pas encore assez
sûr de son écriture ; car il n'a que moi pour institu-
trice, et je ne sais moi-même que ce que j'ai appris
de notre chère et malheureuse dame. D'ailleurs,
Claude a une manière de prendre leçon qui ne peut
pas le faire arriver bien vite à la science : au moment
où je crois qu'il m'écoute avec le sang-froid et la
docilité convenables, je me sens tout-à-coup prise
dans ses bras, et un gros baiser vient m'apprendre

qu'il y a du moins un chapitre sur lequel mon élève en sait autant que moi!

Nous n'étions plus à Florence, lorsque votre envoi y est arrivé : il est venu nous chercher ici. Vous ne sauriez imaginer de site plus charmant que ce village de Baveno, situé aux bords du lac Majeur, sous un ciel si pur et si beau, qu'en me rappelant le ciel de notre Provence, il m'empêche de le trop regretter.

Grâce au passeport que Claude avait gardé, nous avons pu arriver sans encombre jusqu'à Florence. Nous sommes restés quelque temps dans un faubourg de la ville, pour donner à Claude le temps de se civiliser un peu ; de se transformer en *monsieur*, ce qui demandait bien quelques semaines d'études. Ensuite, munis de la lettre que vous nous aviez donnée pour la maison Ciliano-Buonaresta, nous nous y sommes présentés. Claude a joué le rôle dont il était convenu avec vous ; il a passé pour un Français, mauvaise tête, forcé de s'expatrier par suite d'un duel avec un grand seigneur provençal. Cette fable

a été très bénévolement admise par les honnêtes banquiers ; et ils se sont prêtés de fort bonne grâce à
demander pour nous un nouveau passeport bien en
règle, et à nous assurer les moyens de circuler librement dans notre nouvelle patrie. Nous voilà donc
*débaptisés*, mon cher Dominique, et portant ce nom
de d'Arrioules que nous garderons désormais : je dis
*nous*, car à dater de notre présentation chez les banquiers de Florence, j'avais compris que ma position
auprès de Claude n'était plus possible à moins de devenir sa femme. J'aurais voulu avoir plus de force
contre ses brûlantes prières ; par respect pour le
souvenir de notre bienfaitrice, pour ce deuil que je
n'ai pas quitté depuis le 10 octobre, j'aurais voulu
retarder, quelque temps encore, les jours d'ivresse
et de bonheur : mais le moyen de résister à Claude,
lorsqu'il fixait sur moi ce regard ardent et sombre
dont mes caresses n'ont pu encore adoucir le douloureux éclat ? Ah ! je lui devais bien, à ce cher infortuné, un peu de joie après tant de douleur. Et
puis, Dominique, nous autres filles du peuple, nous
sommes déshéritées, hélas ! de ces divines ignorances
qui donnent aux filles des riches tant de sérénité et

de quiétude. J'avais peur de Claude et de moi-même, lorsqu'après une courte promenade à travers cette campagne si belle, où l'air, la terre et le ciel semblaient nous parler d'amour, nous rentrions le soir, les mains enlacées, et que, malgré moi, les frissons de mon cœur répondaient aux tressaillemens du sien. J'ai donc consenti à dire ce *oui* si doux, qui n'était d'ailleurs que l'écho fidèle des ordres suprêmes de madame de Varni. C'est dans une petite chapelle aux environs de Florence, qu'un bon religieux nous a mariés sans nous faire subir un trop minutieux interrogatoire. Comme si la Providence se plaisait à maintenir ces liens mystérieux, ces affinités qui unissent nos destinées aux vôtres, à travers la distance qui nous sépare aujourd'hui, c'est dans les premiers jours du mois de mai, pendant que vous deveniez le mari d'Antoinette, que ma main rude, mais loyale, se donnait pour jamais à Claude.

Ainsi, j'étais à lui ; j'étais la femme de ce bien-aimé compagnon de mon enfance, à qui Dieu m'avait fiancée dès le berceau, et qu'il m'avait appris à chérir mille fois plus encore, par les souffrances

sans nom et sans espoir auxquelles il nous avait condamnés tous deux! Seuls au monde, nous tenant lieu
de l'univers entier, puisant de nouvelles ardeurs
dans cet exil même, qui, en nous isolant de nos autres affections, absorbait tout dans une seule, comprenez-vous, Dominique, ce qu'a dû être cette ineffable félicité? Oh! oui, vous le comprenez, vous qui,
dans les mêmes instans, vous unissiez à votre ravissante compagne! Mais non; dans votre existence paisible, en face de vos calmes horizons, n'ayant pas
reçu ce *baptême de feu* que donne la douleur, uni à
cet être angélique dont la tendresse sera toujours
sereine comme son front, et son âme, vous ne connaissez pas ces transports, ces joies enflammées qui
ressemblent presque à des orages! Une fois mariés,
nous avons voulu, Claude et moi, parcourir ces
beaux pays qui s'ouvraient devant nos regards;
comme ces millionnaires prodigues qui aiment à
jeter l'or sur leur chemin, nous avons voulu semer
notre bonheur sur nos pas. Oh! mon ami! que la
nature est belle! Vraiment, ce printemps et cet
été ont eu des splendeurs nouvelles, des parures in-
connues! Avant de choisir le lieu où nous devions

nous fixer, Claude désirait tout voir, tout comparer : nous nous sommes donc mis en marche, à pied presque toujours, le plus souvent sans guide, errant parfois à l'aventure, comme des Bohémiens honnêtes, ayant un peu d'argent dans la poche, beaucoup d'amour dans le cœur, et l'horizon devant les yeux. Vous vous souvenez, Dominique, vous qui êtes un savant, de ces livres que vous me prêtiez quelquefois sans que j'y comprisse grand'chose, de ces vers d'un poète nommé Dante, que notre chère Maria aimait à nous réciter autrefois pendant que nous nous promenions ensemble. Vous appeliez cela de la poésie, et, sans trop savoir pourquoi, mon cœur battait en écoutant. Y aurait-il une autre poésie, agreste et sauvage, à l'usage des âmes simples et ignorantes, une poésie indépendante des livres, et que chacun, à certaines heures, peut sentir palpiter en soi? Je ne sais; mais, lorsque nous gravissions quelque sentier perdu au flanc d'une montagne, n'entendant que l'écho de nos voix, et voyant à nos pieds, en un lointain estompé par les brumes matinales, se dérouler, dans leur idéale fraîcheur, les mille aspects d'une heureuse vallée; ou bien, lorsque, redescendant le soir,

nous allions demander un gîte à quelque habitation rustique que nous avions aperçue de loin ;
que mon pas, un peu allangui par une sainte fatigue,
me forçait de m'appesantir sur le bras robuste de
Claude, et que nous nous acheminions ainsi, au milieu du tintement des troupeaux qui rentraient à l'é-
table, nos yeux fixés sur les premières étoiles qui
commençaient à poindre dans le ciel... il me semblait
qu'à moi aussi se révélait une poésie mystérieuse,
instinctive, qui donnait à mon amour pour Claude
un langage nouveau et de nouvelles images... Je suis
bien folle, n'est-ce pas, sage Dominique? C'est que
ma plume, comme mon souvenir, retourne obstiné-
ment à ces quatre mois de voyage qui n'ont ressem-
blé à rien, où les anciennes douleurs étaient oubliées,
où, entre un passé terrible et un sombre avenir, la
bonté de Dieu m'accordait cet adorable rêve, et où
mes regards enivrés, en se détachant de Claude,
voyaient tout sourire autour de moi et autour de
lui !

« Enfin, après avoir bien cherché, bien hésité, après
avoir parcouru la Suisse, les vallées du Tesin et la

haute Italie, Claude a choisi Baveno, prétendant que les montagnes lointaines de la Lombardie lui rappelaient celles de Saint-Remy et de la Provence, que les îles Borromées n'étaient pas sans quelque ressemblance avec l'île Barthelasse, et que, pour un pêcheur accoutumé à vivre sur les bords d'un fleuve, c'était quelque chose encore que de vivre sur les bords d'un lac. Nous avons loué, à cinq minutes du village, au versant d'une colline appelée la Lugana, une jolie maison moitié en bois, moitié en pierre, qui tient le milieu entre les chalets suisses et nos chères cabanes des bords du Rhône. J'ai déjà fait du rez-de-chaussée une succursale de l'arche de Noé. Des poules familières viennent picorer jusque sous le manteau de la cheminée. De belles palombes, au col azuré, ont leur nid sous l'auvent de la fenêtre, d'où elles s'envolent dans la campagne, et où elles reviennent tendre à mes mains caressantes leur jolie tête câline. Claude a adossé au mur extérieur de la cuisine une petite étable où nous avons logé trois chèvres ; à quelques pas de la porte, nous avons une source d'eau vive à laquelle Claude a donné pour conduit un magnifique tronc d'érable artistement creusé, et qui, après avoir

arrosé notre petit jardin, va se perdre dans un bassin
naturel, délices d'une douzaine de canards presque
aussi blancs que des cygnes. Comme les montagnes
voisines sont très giboyeuses et que monsieur Claude
n'a pas oublié ses anciennes peccadilles de braconnier,
il s'est procuré deux beaux chiens qui m'aiment déjà
à la folie, et qui, le soir, viennent se coucher à nos
pieds, tandis qu'assis sur le banc de notre porte,
nous respirons l'air tiède des nuits d'été. Enfin, mon
mari a acheté un bateau avec lequel nous faisons de
longues promenades sur le lac Majeur. Quelquefois
je prends la rame, Claude jette son filet, et alors les
souvenirs de notre enfance me reviennent en foule,
et je crois voir, dans le lointain, le souriant visage
d'Antoinette et l'image désolée de Maria... D'autres
fois, pendant que je rame, Claude se tient immobile
près de moi ; il chante un des beaux noëls de notre
pays ; puis, s'interrompant tout-à-coup : « Oh ! que
je t'aime ! » me dit-il ; et moi, laissant tomber la rame
et attirant Claude sur mon cœur, je lui donne, pour
toute réponse, un baiser sur son front bruni.

Vous le voyez, mon cher Dominique, je m'arrête

avec complaisance à ces images de bonheur ; je voudrais pouvoir les éterniser en les retraçant, comme
je voulais tout à l'heure ressaisir par le souvenir les
délicieuses impressions de mon voyage avec Claude.
Mais, hélas ! les jours heureux s'enfuient à tire d'ai-
les, et s'il y a chez l'homme, au fond de ses plus
grandes joies, un sentiment invincible de mélancolie et de tristesse, ce n'est pas que notre âme soit
impuissante à en jouir, c'est plutôt qu'un mystérieux instinct nous révèle leur peu de durée. Mon
premier chagrin, j'allais dire mon premier remords,
c'est votre lettre qui me l'a donné. Oui, mon ami,
dans l'enivrement de ma vie nouvelle, j'avais tout
oublié, et pendant ce temps, mon pauvre père expi-
rait loin de moi, soigné par d'autres mains que les
miennes... J'ai lu et relu la page où vous m'annon-
ciez cette cruelle nouvelle ; j'ai pleuré, j'ai béni votre
douce et sainte Antoinette, ange gardien du vieillard abandonné. Ah ! quand je pense à lui, à ce mensonge cruel qui lui a fait croire qu'il n'avait plus de
fille, à cette dernière douleur qui a ébranlé sa tête
affaiblie et l'a conduit lentement au tombeau, je me
trouve bien coupable ; j'ai honte de moi-même ; mais

j'ai dû obéir à ces deux arbitres suprêmes de ma destinée : la volonté de madame de Varni et la volonté de Claude. Ne fallait-il pas fuir avec le *galérien* évadé, pour l'arracher aux périls qui le menaçaient encore? Ne fallait-il pas s'exiler pour accomplir l'étrange testament de notre bienfaitrice? Il y a dans notre passé, dans notre avenir peut-être, quelque chose de fatal qui a déjà fait des victimes, qui nous condamne à une tâche inexorable, et nous dérobe aux devoirs, aux affections de la vie ordinaire. Comprenez-vous bien cela, vous, Dominique, que le bonheur amollit déjà au point de vous faire oublier par qui et à quelles conditions vous a été donné ce bonheur? Vous nous dites qu'auprès d'Antoinette, votre cœur ne se sent plus capable de haïr, que votre tâche vous effraie, que les chastes et suaves caresses qui vous enivrent, détournent de votre front l'idée de vengeance léguée par Maria mourante... Si vous saviez quelle colère a tout-à-coup enflammé les regards de Claude, quand je lui ai lu ce passage de votre lettre? « Quoi ! serait-il déjà ingrat ? déjà » oublieux ? Serait-il lâche ? » a-t-il murmuré d'une voix étouffée : « nous aussi, nous sommes heureux...

» oh ! bien heureux... Nous aussi nous nous aimons
» d'un amour si grand, qu'il me semble parfois que
» mon cœur va éclater dans ces inextinguibles ar-
» deurs. Eh bien ! cet amour, loin de nous détourner
» du but qui nous est fixé, nous y ramène encore ;
» ou plutôt ces deux pensées sont inséparables : t'ai-
» mer et me souvenir, te presser dans mes bras et
» vouer à un châtiment terrible ceux que madame
» de Varni nous a désignés ; accepter à la fois les joies
» qu'elle me lègue et l'œuvre qu'elle m'impose ; être
» heureux et être impitoyable, pour moi ces deux
» idées n'en font qu'une... Ah ! si je croyais que ton
» regard et tes caresses pussent te faire oublier un
» seul instant le serment qui nous lie au vœu suprême
» de Maria, à ce vœu qui s'est exhalé d'un lit de mort
» et qui nous poursuit du fond d'une tombe... Julie,
» dussé-je en mourir, je m'arracherais de tes bras ;
» ou plutôt, te brisant dans une dernière étreinte, je
» m'élancerais ensuite dans le monde désert, pour
» n'avoir plus à y rêver et à y accomplir que la ven-
» geance de madame de Varni ! » Oh ! Dominique !
comment vous peindre l'effrayante énergie avec laquelle Claude a prononcé ces paroles ! On eût dit

que chaque mot de sa bouche était un nouvel arrêt contre M. de Varni et sa postérité ! Pardonnez à votre ancien compagnon cette implacable rigueur. Lui aussi a été une des victimes de l'horrible nuit du 25 novembre ; et ce pavillon de Mignard, où il entrait pour sauver M. de Tervaz, il en est sorti galérien ! Je suis sûre que le testament de notre infortunée vicomtesse est devenu pour Claude la consécration d'une haine intime et profonde, lentement amassée dans son âme pendant ces dix mois de bagne, d'ignominie et de souffrance. Il croit ne vouloir frapper et punir que par fidélité à son serment, et c'est peut-être sa propre vengeance qu'il poursuivra en obéissant à madame de Varni.

Je ne voudrais pas, mon cher Dominique, terminer par ces images sinistres une lettre où s'est reflété le rayon des journées heureuses, comme on voit, dans la campagne, le soleil éclairer encore les cîmes lointaines, lorsque déjà les nuages noirs couvrent une partie de l'horizon. J'aurais à cœur de vous charger d'un souvenir pour Antoinette : mais hélas ! comment faire ? ne suis-je pas morte pour elle ? mon amitié n'est-elle pas condamnée, vis-à-vis de cette compagne chérie, au silence du tombeau ? Situation étrange et cruelle ! S'il est triste d'avoir à pleurer sur ceux qu'on aime, ne l'est-il pas davantage encore de sentir qu'on n'est plus pour eux qu'un souvenir, une ombre, une fleur séchée que la piété conserve, et non pas une fleur vivante dont le cœur respire le parfum ? Oh ! je ne puis pourtant la quitter ainsi... Dominique, dans une de vos douces nuits, pendant qu'Antoinette dort à vos côtés, soulevez-vous à demi, et vous inclinant avec amour sur ce pur et charmant visage, posez vos lèvres sur son front en murmurant le nom de Julie. Peut-être, en ce moment, m'apercevra-t-elle en rêve, et son bon ange lui dira-t-il que c'est Julie qui lui envoie cette mystérieuse caresse. Adieu.

# DOMINIQUE A CLAUDE.

Avignon, 13 janvier 1761.

Mon cher Claude, j'ai d'abord à vous annoncer un évènement qui me comble de joie : Antoinette vient de me donner un fils , un gros et beau garçon que nous avons baptisé ce matin et que nous avons appelé Agricol. Je ne veux pas trop vous parler de mon bonheur, à vous qui avez eu la douleur de perdre votre premier enfant (1), et dont je craindrais de rouvrir

(1) Sans doute, dans l'intervalle des lettres que cite le notaire, il s'en trouvait d'autres qu'il supprime comme inutiles à l'ensemble du récit.

la récente blessure. Ah! que Dieu vous dédommage bien vite! Que Julie, consolée, retrouve bientôt ces divines et maternelles ivresses que savoure en ce moment ma chère Antoinette! Je le sens, aujourd'hui, rien, non rien, même les enchantemens de l'amour, ne vaut cette fête du cœur, ce tressaillement inconnu qui nous saisit tout-à-coup, quand nous embrassons pour la première fois notre enfant sous les yeux de sa jeune mère, pâlie par la souffrance et ressuscitée par la joie!

J'ai une autre nouvelle à vous donner ; M. de Varni, après avoir passé deux ans à Paris, où il a rempli une mission diplomatique, s'est fait naturaliser Français : il a été en grande faveur à Versailles, et le roi lui a donné le cordon rouge, en attendant mieux ; ensuite, le vicomte est revenu dans le Midi ; mais, au lieu d'habiter Avignon qui lui rappelle sans doute de trop cruels souvenirs, il a choisi pour sa résidence son château de Maleraygues, vieux manoir situé au milieu des bois, dans la partie des Cévennes voisine de la ville d'Alais. Ce n'est pas tout : M. de Varni a rencontré souvent, soit à Alais, soit dans les

5

environs, une jeune personne dont les parens sont ses voisins de campagne, mademoiselle Edwige du Chesnay : elle lui a plu, et il paraît que, malgré son air sombre et sa figure sinistre, il a trouvé le chemin du cœur de mademoiselle Edwige. Bref, j'ai reçu ce matin une lettre de M. du Chesnay, bon et digne vieillard qui honorait de son amitié maître Margerin, mon beau-père, et qui est depuis longues années le client de mon Etude : il me parle du parti qui se présente pour sa fille , me met au courant des situations réciproques, et me demande quels sont les antécédens de M. de Varni, son caractère, ses mœurs, s'il a rendu heureuse sa première femme, de quelle maladie elle est morte, etc... enfin, toutes les questions que peuvent suggérer à un père les légitimes inquiétudes, inséparables d'un pareil moment. Avant de répondre à M. du Chesnay, j'ai voulu vous consulter et vous adresser une prière : je désirerais vivement que cette famille , où se transmettent, de génération en génération, les plus aimables exemples de bonté et de vertu, et cette jeune personne que l'on dit charmante et douce comme un ange, fussent préservées d'une alliance qui doit leur apporter mille chances de malheur et de chagrin. Dans sa vie brillante et agitée, M. de Varni rencontrera sans doute bien d'autres femmes parmi lesquelles il n'aura qu'à choisir la nouvelle compagne de sa vie. Epargnons, je vous en supplie, ce petit coin de terre, cet intérieur aimable, ce cœur virginal, où n'ont régné jusqu'ici que la paix, le contentement et le charme des âmes pures et paisibles. Ils sont bien innocens, n'est-ce pas? du mal qu'a fait M. de Varni ; qu'une fatale union n'enchaîne pas Edwige à cette destinée, flétrie dans le passé, condamnée dans l'avenir! Je vous en conjure, mon cher Claude, au nom de notre vieille amitié. Il dépend de moi, sans sortir de la prudente réserve imposée à ma profession, d'empêcher ce mariage, par le tour que je saurai donner à ma réponse à M. du Chesnay : car il m'accorde une confiance sans bornes. Claude, ne me refusez pas cette dernière grâce ! ensuite, je serai tout entier à vos ordres, tout entier à l'œuvre terrible à laquelle nous sommes liés par un serment. Mille tendres souvenirs à Julie. Adieu.

## CLAUDE A DOMINIQUE.

Baveno, le 8 février 1761.

Au nom de la vicomtesse Maria de Varni, je vous défends de rien écrire qui puisse empêcher le mariage du vicomte de Varni avec mademoiselle Edwige du Chesnay : je vous ordonne, au contraire, de faire réussir ce projet d'union; faute de quoi, je vous tiens pour un ingrat et un parjure.

## DOMINIQUE A CLAUDE.

Avignon, le 25 mars 1761.

Vous êtes obéi : M. de Varni a épousé hier mademoiselle Edwige du Chesnay.

## MONSIEUR DE VARNI A DOMINIQUE.

Maleraygues, le 30 mars 1764.

Mon cher monsieur Dominique Ermel ,

J'ai appris par mon beau-père et par ma femme les excellens renseignemens que vous avez donnés sur moi, et je viens vous remercier de cet éminent service. Il achève d'effacer à mes yeux quelques importunes images, derniers restes d'un passé que j'abhorre et qui me semble s'anéantir dans ma destinée nouvelle. Agréez, je vous prie, l'expression de ma reconnaissance, et croyez bien que ce souvenir resserrera encore mes relations de confiance avec une Etude où nous avons toujours trouvé, moi et les miens, intelligence et probité.

Vicomte DE Varni.

## DOMINIQUE A CLAUDE.

Avignon, 23 février 1763.

Mon cher Claude, fidèle à la tâche que vous m'avez imposée, je vous annonce un événement qui doit trouver place dans notre correspondance : madame la vicomtesse Edwige de Varni vient d'accoucher d'un garçon; M. de Varni m'écrit de son château de Maléraygues, qu'il a constamment habité depuis son mariage, pour me faire part de cette nouvelle. Dès que la vicomtesse sera remise, il a l'intention de revenir à Avignon, d'y passer quelque temps et d'y présenter sa femme et son héritier présomptif à ses

parens et à ses amis. Il me charge de faire faire
à son hôtel les réparations et les embellisse-
mens convenables. Sa lettre, qui respire la joie
et la cordialité la plus franche, me prouve, une fois
de plus, la vérité de cette observation que m'ont déjà
fournie mes quelques années de notariat : c'est que
les hommes ont une grande propension à rendre
leurs malheurs responsables de leurs fautes, et que
lorsqu'ils cessent d'avoir des chagrins, ils sont bien
près d'oublier qu'ils ont eu des torts. On dirait que
le souvenir du mal qu'ils ont fait s'efface pour eux
avec le mal qu'ils ont souffert, et, n'étant plus méchans parce qu'ils n'ont plus intérêt à l'être, ils se
persuadent aisément qu'ils ne l'ont jamais été. Je
suis sûr que M. de Varni, marié aujourd'hui à une
femme qu'il aime et dont il est aimé, père d'un bel
enfant destiné à perpétuer son nom, s'imagine qu'il
annule son passé en le détestant, et qu'il n'a plus rien
de commun avec l'homme vindicatif et cruel qui a
fait couler tant de larmes.

Quoi qu'il en soit, mon ami, vous voilà au courant
des situations réciproques. Cette seconde génération,

prévue et annoncée par l'infortunée Maria, nous la voyons commencer dans la personne d'Agricol, mon fils, et d'Elzéar, ce jeune enfant que viennent de saluer, à Maleraygues, tant de joies et d'espérances. Vous seul êtes en retard : est-ce une permission de Dieu dont la bonté repousse et veut déjouer notre pacte de vengeance? Ah ! si je pouvais le croire!.., Mais non; vous ne me pardonneriez pas cette idée. Et pourtant, ce que je vous ai déjà dit, je veux encore vous le redire : aux douces images, au charme indéfinissable de la paternité et de la famille, je ne puis m'empêcher de mêler des pensées douloureuses. Ce qui donne tant de douceur au sentiment paternel, c'est qu'il est pour la terre ce qu'est pour le ciel la foi en nos destinées immortelles. Il satisfait, dès ici bas, ce besoin d'infini et de durée, inquiet et sublime privilége de l'homme. Ne semble-t-il pas que ce petit être que nous voyons grandir sous nos caresses soit la portion visible de notre âme, née pour nous continuer en ce monde, pour être encore notre vie au delà du tombeau? Eh bien! ce sentiment délicieux pour les autres pères, est pour moi la source de mille tristesses. Cette image de perpétuité et d'avenir, elle ne

m'apparaît qu'à travers un voile de deuil, et comme
escortée de cet appareil sinistre qui fait partie de notre héritage. Pardonnez-moi, mon cher Claude, ce
nouvel aveu de ma faiblesse ! Je voudrais être de
bronze comme vous, et, comme vous, trouver dans
mon bonheur et mon amour pour ma femme un ali-
ment de plus aux idées de vengeance. Ordonnez donc,
vous qui ne pâlissez pas devant cette tâche qui va commencer peut-être. J'attends vos ordres, et je suis tout
à vous de cœur. Adieu.

### DOMINIQUE A CLAUDE.

Avignon, 4 juin 1767.

Encore une fois je vous ai obéi; quels que soient le remords, le chagrin, le doute qui me tourmentent dans l'accomplissement de cette œuvre funeste où l'innocent est frappé avec le coupable, je n'ai pas failli au serment du 10 octobre. M. de Varni et sa jeune femme étaient heureux, tranquilles; ils s'aimaient, et le sourire de son enfant ressemblait pour le vicomte à un dernier pardon de Dieu, annoncé par la bouche d'un ange : aujourd'hui, ils sont désunis, inquiets, en garde l'un contre l'autre, se débattant contre une flèche invisible qui les déchire et les torture.

Vous croyez peut-être, mon cher Claude, qu'il n'est pas de malheurs plus grands que ces catastrophes qui nous accablent tout-à-coup, et forment dans notre existence une date funèbre ou sanglante : détrompez-vous ; il y a dans ces grandes infortunes quelque chose d'extérieur, de retentissant, pour ainsi dire, qui attire la compassion et porte avec soi, par son éclat même, je ne sais quelle consolation douloureuse dont s'emparent avidement notre égoïsme et notre faiblesse. Mais ces douleurs cachées, lentes, graduelles, qui s'infiltrent peu à peu dans l'âme, que nul ne peut guérir parce que celui qui en souffre les cache, et que celui qui les devine feint de les ignorer; ces vers rongeurs qui se glissent dans les affections les plus douces pour les gâter et les flétrir, voilà le supplice sans nom, sans égal; et ce supplice, c'est celui que subit en ce moment M. de Varni.

Il y a trois ans environ que le vicomte et la vicomtesse sont venus, ainsi que je vous l'annonçais alors, s'établir à Avignon. Malgré l'extrême inégalité de nos conditions, M. de Varni voulut absolument présenter sa femme à la mienne, prétendant, avec une affabilité

d'homme heureux et de grand seigneur décidé à se
montrer bonhomme , que devant une beauté et une
vertu telles que celles d'Antoinette , toutes les distances sociales s'effaçaient. Ma femme était fort troublée en recevant cette aimable Edwige qui avait à ses
yeux le tort de s'appeler la vicomtesse de Varni , et
d'occuper une place consacrée par le souvenir de notre bien-aimée Maria. Mais telle est l'influence de la
grâce et de la bonté véritables , que cette première
impression ne tarda pas à disparaître, et que, forcé
par état d'être un peu observateur , je reconnus
bien vite qu'il y avait entre ces deux femmes mille
affinités, mille points de sympathie. Madame Edwige,
comme nous avons pris l'habitude de l'appeler, n'est
pas une *beauté*, dans le sens absolu du mot : mais
on oublie , en la regardant , qu'il puisse y avoir des
traits plus réguliers que les siens. Ce qui domine
dans cette physionomie ravissante , c'est une bonté
sans bornes, ineffable , jointe à une délicatesse de
sensitive, pour laquelle toutes les impressions vives
deviennent aisément des souffrances. Lorsque j'évo-
quais , par le souvenir, l'altière beauté de Maria de
Perne, ce regard, cette attitude de souveraine, cette

volonté inflexible inscrite sur ce front de déesse, je comprenais que M. de Varni eût été particulièrement sensible à cet air de candeur, de résignation affectueuse, de soumission tendre et dévouée, qui est l'expression habituelle du pâle et doux visage d'Edwige : je comprenais qu'avec son expérience d'égoïste et de roué, il eût deviné en elle cette compagne secrètement désirée par les hommes fatigués des agitations du monde, cette sœur de charité des vieilles blessures de la conscience et du cœur, prédestinée à combler, en y jetant ses trésors, les gouffres d'une âme orageuse, à réconcilier l'homme malheureux avec la vie, l'homme coupable avec le ciel, et à faire asseoir, à un foyer long-temps désert, l'ange tardif des affections saintes et des paisibles vertus.

Bientôt Antoinette et madame Edwige se lièrent aussi étroitement que le permettait le contraste de la vie modeste d'une humble bourgeoise avec celle d'une grande dame : outre la conformité de leurs caractères, il y avait entre elles une source intarissable de causeries, de confidences, de conseils, de suaves et gracieux échanges : toutes deux étaient jeunes mè-

rès, l'une depuis deux ans, l'autre depuis six mois.
Ce droit d'aînesse maternelle donnait à Antoinette
une grande autorité dans toutes ces graves questions,
ces puérilités divines qui sont la franc-maçonnerie
des mères! Oh! mon ami, mon cœur se déchire en
retraçant le délicieux tableau qui s'est si souvent offert à mes regards dans mon petit jardin de la rue
Banasterie, clos de vieux murs grisâtres que dominent
les tours gigantesques du palais des Papes! Assis
derrière ma fenêtre, occupé à compulser de vieux
actes ou à noircir du papier timbré, je levais la tête
de temps en temps, comme un écolier distrait, et
j'apercevais les deux amies, assises l'une près de l'autre, sous l'acacia qui étale son parasol un peu jau-
nâtre au coin du jardin. Elzéar était entre les bras de
sa mère qui se penchait sur lui dans la pose que Ra-
phaël a donnée à ses vierges ; mon petit Agricol marchait, clopin clopant, dans l'allée, jusqu'à ce qu'il
eût atteint une certaine bordure de buis qu'il lui était
défendu de franchir : arrivé là, il se retournait vers
le groupe, où l'on affectait sournoisement de ne pas
faire attention à lui : alors, il poussait un petit cri,
moitié de plaisir, moitié d'inquiétude : sa mère lui

tendait les bras ; il y revenait en courant, et bientôt hissé sur les genoux d'Antoinette, il s'y sentait dévoré de caresses et de baisers : et moi, assistant à ce spectacle, remerciant Dieu de la joie qu'il me donnait, j'aurais été le plus heureux des hommes, si l'œuvre implacable à laquelle le sort me condamne n'était sans cesse présente à ma pensée.

Je ne tardai pas apprendre que le séjour d'Avignon avait troublé le bonheur et le calme dont commençait à jouir M. de Varni. La conscience s'assoupit, mais elle ne s'éteint pas : remise en face des monumens et des sites où s'accomplirent les actions qu'elle cherche à oublier, elle se réveille tout-à-coup, comme un instrument long-temps muet qui sent passer sur ses cordes une main ou un souffle. En revoyant son hôtel, les bords du Rhône, cette île de la Barthélasse où le pavillon de Mignard, démoli par mes soins, existait toujours pour son souvenir, le vicomte sentit qu'on ne se dépouille pas de son passé comme d'un manteau souillé par l'orage. Il reprit sa figure sombre et sinistre des mauvais jours, et la pauvre Edwige, se croyant moins aimée parce qu'elle le voyait moins heureux, fit ce que font d'ordinaire les âmes aimantes et délicates : elle souffrit sans se plaindre, renfermant en elle-même son premier chagrin, et lui donnant son cœur à déchirer plutôt que de le répandre au dehors. Le vicomte, accoutumé aux transports jaloux, aux tempêtes amoureuses des femmes dont il avait fait, à Versailles ou ailleurs, ses conquêtes ou ses victimes, sut mauvais gré à sa femme de cette silencieuse résignation. Les hommes qui ont éparpillé leur cœur en de nombreuses et passagères intrigues d'amour, sont sujets à une contradiction singulière : ils se persuadent aisément qu'on les aime ; mais ils sont prompts à s'imaginer qu'on ne les aime plus ; ils sont à la fois présomptueux et méfians. A cette première cause de refroidissement entre les deux époux, s'ajoutait pour M. de Varni l'image ravivée des horribles épisodes de son premier mariage. On dit que les amputés d'un membre éprouvent encore de temps à autre un vif et bizarre ressentiment de douleur au bras ou à la jambe qu'ils ont perdus : c'était une sensation analogue qui tourmentait M. de Varni. Superstitieux comme tous les grands coupables qui n'ont pu éteindre la foi dans leur âme, comme les riches qui se sentent vieillir et qui aspirent à tourner vers le ciel leur cœur saturé ou désabusé des biens de ce monde, le vicomte en vint bientôt à se figurer que Dieu emploierait, pour le punir, cette douce et pieuse jeune femme qui ne demandait qu'à l'aimer, et qu'Edwige serait, à son insu, la vengeresse de Maria. Impérieux et absolu, se débattant avec amertume contre l'idée de perdre cette affection sur laquelle il avait compté pour le déclin de sa vie et dont les premiers rayons l'avaient rendu si heureux, sa conduite se ressentit de ces nouvelles agitations de son âme. Tantôt morne et glacé auprès de sa femme, tantôt revenant à elle avec des transports qui ressemblaient moins à de l'amour qu'à de la colère, il l'attristait ou l'effrayait tour à tour ; et plus il craignait de perdre ce cœur où il avait trouvé son dernier refuge, plus il se montrait inhabile à le conserver. On eût pu le comparer à ces joueurs qui, n'ayant plus pour eux qu'une carte et une chance, deviennent maladroits par cela même qu'ils ont trop d'envie de gagner, et se font les complices de leur mauvaise fortune.

Si Edwige avait été une femme du monde, si la coquetterie ou la simple expérience lui eussent révélé de quels détours se compose ce bizarre dédale qu'on appelle le cœur de l'homme, peut-être eût-elle deviné combien ces alternatives de froideur et d'emportement étaient loin de l'indifférence ; et, attribuant à quelque cause étrangère ou accidentelle ces inquiétans symptômes, elle leur eût opposé la plus naturelle et la plus puissante de ses armes, un redoublement d'expansion et de tendresse. Mais son innocence et sa candeur la laissaient sans défense contre un semblable péril. Un vague instinct, ce besoin de se dévouer qui est la vocation des femmes d'élite, l'avait secrètement attirée vers le vicomte, dont l'air sombre et triste semblait révéler des plaies à guérir et des souffrances à consoler. Elle s'était naïvement réjouie en voyant, pendant les premiers temps de son mariage, sa suave influence ramener peu à peu la sérénité sur ce front vieilli avant l'âge : mais au premier indice qui lui annonça que cette influence ne suffisait pas ou n'existait plus, la pauvre enfant se troubla et perdit toute confiance en elle-même ; au lieu de se dire qu'avec ses vingt ans, son doux regard et son

bel enfant au berceau, elle devait se trouver assez
forte pour tout braver ou tout réparer, elle s'imagina
qu'elle avait trop présumé de son pouvoir, et que,
simple fille des champs, elle n'était pas faite pour inspirer une affection durable à un homme accoutumé,
comme M. de Varni, aux splendeurs et aux beautés
de la cour. Elle s'accusa d'impuissance, et, dans
son cœur si riche, elle ne trouva plus que des larmes : or, pour les hommes égoïstes et despotes, qui
ne veulent de l'amour qu'à leur profit, les larmes
sont odieuses et achèvent de tout perdre ; ils y voient
un reproche silencieux, une protestation muette, et
une preuve qu'il ne suffit pas à une femme de les aimer pour être heureuse : triple grief dont ils s'irri-
tent plus que de la résistance qui les maîtrise ou de
l'astuce qui leur sourit !

Madame Edwige est très pieuse ; c'est à l'église, au
pied des autels, qu'elle allait le plus souvent pleurer
et s'humilier dans sa douleur. Mais parfois aussi, elle
venait confier quelques-unes de ses peines à Antoinette ; et, celle-ci, qui n'avait jamais souffert, qui
croyait à l'immensité de mon amour comme à la

bonté de Dieu, augmentait sans le vouloir les chagrins
de sa noble amie, en lui rendant des confidences de
bonheur en échange de ces confidences de tristesse.
En ce moment, si je l'avais voulu, ou, plutôt, Claude,
si j'avais été libre, j'aurais pu, par une intervention
bienfaisante, rendre à Edwige la paix du cœur et à
ce ménage l'union et la joie. La situation m'appa-
raissant dans toute sa netteté et Antoinette s'aban-
donnant sans réserve à mes inspirations, j'aurais pu
lui dicter à l'adresse d'Edwige des conseils salutaires.
Apprendre à celle-ci à ne pas tant se méfier d'elle-
même, à continuer son rôle de garde-malade auprès
de ce cœur souffrant et agité; sans rien lui révéler
d'un passé horrible, l'amener à comprendre ces
âmes orageuses où ont régné trop de pensées coupables pour que le calme et les affections pures puissent
y rentrer sans alternatives et sans secousses, voilà
ce que j'aurais fait par l'entremise d'Antoinette;
obéissant à mes leçons, elle se serait bien gardée de
dire à son amie que les bons et heureux ménages ne
connaissaient pas ces inégalités d'humeur, ces tran-
sitions subites d'une froideur chagrine à une passion
exigeante : elle les lui eût représentées, au contraire,

comme une des conditions inévitables des amours
sincères, et, au besoin, par un utile mensonge, elle
lui eût cité notre exemple. Bien loin de là, Antoinette, aussi naïve qu'elle, et initiée à l'amour par la
douce constance du mien, était toute disposée à regarder comme graves et irréparables ces marques de
mécontentement, de méfiance et d'irritation pour
lesquelles elle ne trouvait dans son propre souvenir
aucun point de comparaison. En outre, quoiqu'Antoinette eût toujours cru que Gaston de Tervaz était
réellement mort avec l'équipage du *Lys*, en combat-
tant contre les Anglais, et qu'elle eût par conséquent
ignoré tout ce qui s'est passé depuis, elle avait connu
l'amour de sa chère Maria pour Gaston; elle l'avait
vue constamment triste et malheureuse pendant sa
courte union avec le vicomte; elle avait assisté à son
dépérissement et à sa mort. C'était assez pour que
M. de Varni lui inspirât, non pas de la haine (c'est
un sentiment qu'elle ne connaîtra jamais), mais une
sorte de répulsion et d'effroi. Lorsqu'Edwige vint
se confier à elle, elle crut retrouver dans ces sujets de plainte et de tristesse naïvement racontés par
la pauvre affligée, les suites de cette funeste influence

exercée par le caractère intraitable et méchant de
M. de Varni, et elle se rappela avec plus de force les
douleurs et la mort de Maria. Pénétrante comme
tous ceux qui aiment et qui souffrent, Edwige devina
une partie de ces impressions, questionna Antoinette,
recueillit çà et là d'inévitables indices, et finit par
découvrir que la première femme de M. de Varni
était morte de consomption, et probablement de
chagrin. Son imagination bâtit là dessus mille douloureuses chimères, bien au dessous, hélas! de la
réalité, mais qui suffirent pour faire perdre le calme
à cette âme tendre et délicate. Je ne bornai pas là
mon œuvre destructive. M. de Varni reçut un jour
d'une main inconnue (ai-je besoin de vous dire quelle
était cette main?) un mystérieux avis qui lui annonçait qu'après l'épisode du pavillon de Mignard et votre condamnation, Julie, dans un moment d'égarement et de douleur, avait dit toute la vérité au père
Thibaut; que celui-ci, naturellement bavard et ne
jouissant plus d'ailleurs de la plénitude de son bon
sens, en avait parlé à son tour à deux ou trois jeunes
gens, vos anciens compagnons, et habitués de son
cabaret. L'idée que ces secrets n'avaient pas été pour

jamais ensevelis dans les eaux du Rhône, dans le cœur de Julie et dans le vôtre, cette idée fut pour M. de Varni un nouveau supplice, plus poignant que tout le reste. Il avait bien supposé, j'imagine, que j'avais su le retour de M. de Tervaz à Avignon, que je m'étais même peut-être rencontré avec lui à cette époque ; mais, comme il ne retrouvait plus ma trace dans les évènemens qui suivirent ce fatal retour, comme il connaissait l'orgueilleuse pudeur de Maria, gardienne aussi inflexible que lui de son honneur, M. de Varni avait conclu que j'ignorais tout, qu'à mes yeux Gaston était reparti sans revoir la vicomtesse, et que si je conservais quelque doute au sujet de votre arrestation, je la regardais comme le résultat d'une méprise ou de la haine féroce et jalouse de Baptistin. En outre, dans toutes mes relations avec lui, M. de Varni me voyait si calme, si éloigné, en apparence, de toute arrière-pensée, qu'après avoir essayé, deux ou trois fois, de lire dans mon âme, il aurait fini par se désister, à mon égard, de toute espèce de soupçon, quand même les renseignemens que j'avais donnés, à l'occasion de son mariage, à la famille du Chesnay, n'eussent pas complété sa sécurité. Comprenez-vous maintenant quelles durent être sa colère et sa douleur, lorsqu'il apprit, par ma mystérieuse lettre, que ces secrets, si lourds à sa conscience et à son honneur, étaient entre les mains de trois ou quatre bateliers du Rhône, et peut-être de quelque ennemi caché? A dater de ce jour, il devint plus sombre et plus irascible, et Edwige se sentit plus malheureuse encore et plus désespérée. Ce n'est pas tout. Les conseils et les exemples de mon ami Joseph Vernet ont fait de moi, sans que je m'en vante, un dessinateur passable. Avant de faire démolir, d'après la clause du testament de Maria, le pavillon de Mignard, si gracieux et si élégant sous son dôme d'ormeaux et de peupliers, je n'avais pu résister à l'envie d'en dessiner une vue. Cette vue, que j'avais soigneusement gardée dans mon portefeuille, j'eus alors l'idée cruelle de la copier, mais en y ajoutant, pour en augmenter le pittoresque, les accessoires d'une inondation : j'écrivis dessous, 25 *novembre* 1755, et je sus m'arranger pour qu'Edwige trouvât un matin ce dessin sur sa table à ouvrage, sans que rien pût lui indiquer qui l'y avait mis. M. de Varni entra, par hasard, presqu'au même instant. — Vois, mon ami, le joli paysage, et dis-moi, si tu le sais, qui m'a fait cette galanterie! lui dit en souriant la vicomtesse. A peine eut-il regardé, qu'il devint pâle comme un spectre, et déchirant avec rage le papier que lui présentait sa femme : — Qui donc, s'écria-t-il d'une voix frémissante, qui donc a porté cela ici? Quel est l'ennemi, quel est le fantôme acharné à me poursuivre? Ces murs vont-ils parler? Suis-je donc maudit pour toujours? Puis, se retournant vers Edwige qui l'écoutait avec une surprise mêlée d'épouvante : — Est-ce vous, ajouta-t-il d'un air égaré, est-ce vous qui êtes chargée de me punir? est-ce vous qui vengez l'autre? — La pauvre femme croyait faire un mauvais rêve; moins elle comprenait, plus elle avait peur. A la fin, M. de Varni se calma; mais cette scène laissa entre Edwige et lui des traces profondes. Aimant peu le monde, recherchant la solitude, accourant quelquefois près d'Antoinette qui ne la consolait pas, la vicomtesse se plongea dans un océan de réflexions vagues et douloureuses. Sans préciser rien de ce qui la tourmentait, elle était amenée à regarder son mari ou comme un maniaque, sujet à des accès étranges, ou comme un coupable, poursuivi,

après quelques années de calme et d'oubli, par le remords lointain d'une action criminelle. Elle ne cessa
pas de l'aimer, mais elle éprouva auprès de lui ce
sentiment de pitié inquiète qu'on éprouve auprès
d'un malade dont on ne peut pas définir le mal, auprès d'un homme placé, par quelque infirmité mo-
rale ou physique, hors de la loi commune. Prompt à
soupçonner et à prendre ombrage, le vicomte devina
en partie l'impression qu'il produisait sur Edwige :
son orgueil s'en irrita ; son caractère, déjà froissé,
s'aigrit davantage : les souffrances de la vicomtesse
augmentèrent, et, sans qu'aucun indice extérieur tra-
hît ce qui se passait dans cette maison splendide, l'affection, la confiance et la paix achevèrent d'abandonner ces deux âmes désolées.

Enfin, pour frapper un dernier coup, je fis passer
au vicomte, avec les mêmes précautions et le même
mystère, une seconde lettre anonyme, dans laquelle
on l'avertissait qu'une personne qui voulait vous venger, venait de révéler à Edwige tous les secrets du
pavillon de Mignard. L'imagination tourmentée de
M. de Varni accepta ce dernier avis comme une vérité

cruelle; et, dès lors, sa seconde femme lui apparut réellement comme la vengeresse de la première. Elle lui inspira un effroi superstitieux qui devint une nouvelle torture. Lorsqu'elle tournait vers lui ce doux regard qui ne savait plus sourire, mais auquel un mot affectueux eût bien vite rendu son expression de tendresse, il croyait toujours qu'elle allait lui parler de M. de Tervaz, de la nuit du 25 novembre, de la mort de Gaston et de Maria. Alors il la repoussait avec emportement ou la fuyait avec terreur; et elle, n'y pouvant rien comprendre, se disait tout bas, en dévorant ses larmes, que sans doute un triste secret, une idée fatale ou une haine inexplicable lui avait à jamais enlevé le cœur de M. de Varni.

Telle est, mon cher Claude, la vie qu'ont menée, pendant plus de trois ans, ces deux êtres, l'un si coupable, l'autre si bon, condamnés, à leur insu, à une longue expiation. Ces douleurs cachées, ces tortures de tous les instans ont fini comme elles devaient finir. M. de Varni, renonçant à reconquérir la confiance et l'amour d'Edwige, la regardant désormais, non plus comme l'ange de médiation, mais comme l'instrument de son supplice, est reparti, il y a quelques mois, pour Paris : et la vicomtesse est allée ensevelir sa douleur à Maleraygues, d'où elle écrit, de temps à autre, à Antoinette des lettres remplies de découragement et de tristesse. C'est moi qui dicte les réponses ; ainsi, vous pouvez être tranquille ; aucun éclaircissement, aucune consolation ne lui arrivera de notre côté.

Je pense, mon cher Claude, que vous serez content de moi : je sens, aux remords qui m'agitent, que je ne m'acquitte que trop bien de la mission redoutable dont vous m'avez investi ; ah ! si vous aviez connu cette douce et aimable Edwige, peut-être auriez-vous été moins impitoyable ! Tant de grâce et de bonté, de tels trésors de jeunesse, de dévoûment et d'amour ; et tout cela perdu, flétri, dévasté pour expier le crime d'un autre... Oh ! chère et cruelle Maria ! que de bien vous m'avez fait ! mais que de mal vous me faites ! Fallait-il donc me rendre si heureux, pour me forcer de devenir si coupable ! Adieu, Claude : mille tendres souvenirs à Julie.

# CLAUDE A DOMINIQUE.

Baveno, mars 1769.

Si je partageais vos superstitions et vos craintes, si je tremblais comme vous à chaque pas nouveau dans la voie où nous guide l'invisible main de notre bienfaitrice, j'aurais lieu de croire que Dieu me punit d'avance et condamne l'œuvre à laquelle nous nous sommes voués. Pour la troisième fois, mes espérances de paternité viennent d'être cruellement déçues: Julie vient de donner le jour à un enfant qui n'a vécu que quelques heures. Jugez de ma douleur, du désespoir de ma femme !

N'importe; que rien ne nous détourne du but que

nous nous sommes fixés. Une voix secrète me dit que toutes les volontés de Maria seront exécutées, que rien ne manquera à la vengeance héréditaire, que de Julie et de Claude naîtra un second vengeur, destiné à continuer ma tâche, et à affermir un jour la décision chancelante de votre héritier comme j'aurai affermi la vôtre. Ne vous lassez donc pas, mon cher Dominique ; ayez toujours les yeux fixés sur Maleraygues et sur Paris ; et informez-moi de tout ce que je dois savoir pour vous seconder si vous avez besoin d'aide, pour vous encourager si vous avez besoin d'appui, pour vous rappeler Hyères et le testament de Maria, s'il vous arrivait d'hésiter encore. Adieu.

# LE COMTE DE VARNI A EDWIGE.

Paris, mai 1773.

Madame, vous n'apprendrez pas sans étonnement la détermination que j'ai prise. Le roi, qui me comble de bontés, m'a offert un régiment, et quoique je ne sois plus à l'âge des illusions et des enthousiasmes, j'ai accepté avec reconnaissance. On parle d'une guerre prochaine; et j'ai pensé que le mouvement, les impressions de cette vie nouvelle, m'arracheraient à des chagrins auxquels j'avais cru autrefois trouver un terme en me voyant accueilli par vous. Peut-être aussi, si j'ai l'honneur de servir le roi avec quelque distinction, de courir quelque danger ou de verser un peu de mon sang, me rendrez-vous, sinon votre tendresse, au moins ces sentimens de considération et d'estime qu'une cause inconnue semblait m'avoir fait perdre, dans les derniers temps que nous avons passés ensemble. J'ai voulu vous informer d'une décision qui apporte un aussi grand changement dans ma destinée : j'ai voulu aussi vous adresser une demande.

Nous en sommes encore aux bruits de guerre, et je puis, en attendant, disposer de moi indéfiniment. J'aurais un vif désir de retourner à Maleraygues; voilà bien long-temps que je n'ai revu mon fils, notre Elzéar, et quelles que soient les bizarres et mystérieuses dissidences qui sont venues peu à peu nous désunir sans que j'aie pu ni les prévenir, ni les expliquer, il me semble que j'éprouverais, en vous revoyant, une émotion qui me serait douce. Mais avant de franchir la distance qui nous sépare , j'ai voulu vous prier de me dire sincèrement s'il ne vous serait pas trop pénible de vous retrouver auprès de moi. Vous devez comprendre le prix que j'attache à ma question et à votre réponse; car si je pensais qu'un motif que je ne veux pas approfondir vous fît désirer de ne point me

voir troubler votre solitude, si je croyais que ma vue
pût vous être odieuse et détruire le calme dont vous
jouissez sans doute aujourd'hui, j'aimerais mieux re-
noncer à ce bonheur, étouffer en moi ce dernier désir d'époux et de père, que redevenir pour vous, ne
fût-ce que pour un jour, un nouveau sujet de souffrance. Le cœur aussi a son orgueil, et le mien me
dit que je ne dois point prétendre à froisser votre volonté, si votre volonté me repousse, à réclamer
votre affection si j'ai eu le malheur de la perdre, et
à m'imposer de force si vous ne m'acceptez que par
devoir. Pardonnez à cette susceptibilité d'un homme
qui a trop souffert pour douter désormais de ce qui
l'afflige et croire à ce qui pourrait le consoler. Je
suis, en attendant votre réponse, votre tout dévoué.

Vicomte de VARNI.

## EDWIGE AU VICOMTE DE VARNI.

Maleraygues, juin 1773.

Votre lettre, Monsieur, m'a fait éprouver deux émotions bien vives et bien différentes, en m'apprenant à la fois le parti que vous avez cru devoir prendre, et le désir que vous voulez bien m'exprimer. En calculant les nouvelles chances de séparation que la vie militaire va établir entre nous, et les dangers que vous aurez peut-être à courir, j'aurais senti mes peines s'accroître, si je n'avais démêlé, dans la demande que vous m'adressez, les traces d'un sentiment que je regardais comme éteint. Depuis six ans que je suis seule à Maleraygues, abandonnée à

mes tristes rêveries, cachant de mon mieux à ma famille les pensées qui me consument, et n'ayant pour
consolation que les douces caresses de notre Elzéar,
je me suis souvent interrogée avec la sévérité d'un
juge : j'ai cherché par quel tort involontaire j'avais
pu démériter de votre cœur, moi qui aurais donné ma
vie pour vous épargner un chagrin. Quand vous avez
demandé ma main à mon père, je savais que j'étais
bien peu digne de vous fixer : mais quelque chose
me disait que vous aviez souffert, et il me semblait
qu'à force de dévoûment et d'amour, je pourrais vous
rendre un peu de cette quiétude à laquelle aspirent,
dit-on, les âmes fatiguées : je ne savais rien du monde
et de la vie, et je croyais qu'un amour vrai dans un
cœur simple aurait quelque puissance auprès de
vous. Telle fut mon ambition, Monsieur, et elle parut
justifiée par les trois premières années de notre union.
Ce furent trois années bien douces, bien heureuses ;
permettez-moi de vous en remercier. Plus tard, j'ai
vu notre bonheur pâlir ; une influence inconnue,
inexplicable, est venue peu à peu se glisser entre nous
pour me faire douter de votre affection, pour vous
faire douter de la mienne : j'ai souffert, j'ai pleuré ;

mais je puis me rendre cette justice que si j'ai eu parfois l'envie de me plaindre, je n'ai jamais eu l'idée
de vous accuser.... Non, je vous aimais d'une autre
affection, moins douce, mais aussi sincère ; mes
larmes retombaient sur mon cœur goutte à goutte, et
si je craignais de vous les montrer, c'était pour ne
pas ajouter à vos nouvelles tristesses... Ce fut là le
plus cruel de mes tourmens : vous bénir en silence,
me cacher de vous pour vous aimer, comprendre vaguement qu'il y avait en moi assez de tendresse et
d'amour pour cicatriser bien des blessures, pour calmer bien des orages, et comprendre aussi que ni mes
regards, ni mes caresses, ni mes sourires ne pouvaient plus rien pour vous rendre heureux... Ah!
si j'avais pu, en perdant mon repos, vous voir re-
couvrer le vôtre! si j'avais pu réparer votre bonheur
avec les lambeaux du mien!..., Mais non, tout m'é-
chappait à la fois; vous renonciez à être aimé de moi,
et vous cessiez de m'aimer!

Aujourd'hui, vous désirez revenir à Maleraygues ;
Maleraygues est à vous, Monsieur, et tous ceux qui
l'habitent vous appartiennent mieux encore que ses

murailles et ses tourelles. Vous retrouverez cette habitation mélancolique et sauvage exactement telle que
vous l'avez laissée. C'est là que j'ai été heureuse, que
j'ai un moment espéré vous rendre heureux, et je
n'ai rien voulu changer à ces arbres et à ces pierres
qui me parlaient du passé et de vous. Si vous n'êtes
ramené à votre foyer que par le besoin de ressaisir
quelques journées de calme entre les agitations de
votre brillante existence et l'aventureuse vie des
camps, venez ; notre ciel n'a rien perdu de son azur,
ni nos fraîches collines, de leur printanière verdure :
nos grands bois ont toujours leurs mystérieux murmures ; et, plus fidèle que les hommes, l'hirondelle
vient, comme autrefois, supendre son nid à notre
toit. Si vous éprouvez surtout le désir de voir et
d'embrasser votre Elzéar, il vous attend, il vous espère et il vous aime : le premier visage que vous verrez apparaître au bout de l'avenue, ce sera le sien ;
le premier nom que vous trouverez sur ses lèvres, ce
sera le vôtre. Si une autre pensée vous ramène, si,
au milieu du brillant tumulte de Paris, de la cour et
du monde, vous avez senti parfois un peu de vide et
de regret se glisser dans votre âme, si parfois vous

vous êtes dit qu'il vous manquait, là, à vos côtés, le
cœur qui se dévoue, la bouche qui sourit, le regard
qui console, la main qui essuie la sueur du front et
les larmes des yeux... Mais non, où vais-je, pauvre solitaire, égarer ma folle rêverie ! Revenez, je ferai auprès de vous ma place aussi petite qu'il vous
plaira ; même, si vous le voulez, je ne paraîtrai devant vos yeux qu'en donnant la main à Elzéar, afin
qu'en embrassant le fils, vous pardonniez à la mère,
votre humble et dévouée servante,

E. DU CHESNAY DE VARNI.

## EDWIGE A ANTOINETTE.

Maleraygues, février 1774.

Vous avez été, ma chère Antoinette, la confidente de mes peines et de mes tourmens; il est juste que je vous dise aussi ma joie. Oui, ma belle et douce amie, j'ai retrouvé le cœur et l'affection de monsieur de Varni. D'étranges malentendus, que j'aime mieux oublier que comprendre, nous avaient peu à peu désunis, sans qu'il me fût possible de savoir quelle était cette secrète influence qui pesait sur nous, et nous détachait l'un de l'autre, comme ces fruits qu'un ver invisible fait tomber de l'arbre. Oh! que j'ai souffert! mais qu'il soit béni celui qui me causa ces douleurs! Il me semble aujourd'hui que je ne puis plus mesurer le regret d'être exilée de ce cœur, que par le bonheur d'y rentrer.

Après avoir pris du service et s'être mis à la disposition du roi, qui lui a donné un régiment, monsieur de Varni est venu, l'an dernier, dans l'intention de passer quelque temps à Maleraygues. Il a paru content de revoir ce château où nous avions passé les trois premières années de notre mariage, heureux surtout d'embrasser son fils, dont la beauté et le bon naturel me rendent bien fière. Mais, auprès de moi, monsieur de Varni paraissait toujours mal à l'aise : parfois on eût dit qu'il était prêt à me parler, à m'ouvrir toute son âme, à me demander un soulagement pour quelque blessure inconnue, et qu'au même instant un sentiment invincible le retenait. En vain je me faisais simple et souriante, comme aux premiers temps de notre mariage, et même, par des provocations délicates, je semblais aller au-devant de ses confidences : il rompait brusquement l'entretien, évitait de nouveau ma rencontre, et je croyais alors que nous allions recommencer cette horrible vie d'Avi-

gnon, d'où nous étions sortis tous deux, si meurtris
et si déchirés.

Un matin, cet automne, je me promenais dans une
allée du jardin. Monsieur de Varni, voulant voir où
Elzéar en était de ses leçons, entra dans ma chambre
où je tenais enfermés les livres et les cahiers de mon
fils ; il fouilla quelque temps dans mes tiroirs, et, un
moment après, j'entendis un cri... oh ! un cri qui
me troubla sans m'effrayer : car il me sembla que
c'était une joie soudaine qui venait de l'arracher à
monsieur de Varni. Bientôt je le vis arriver à moi...
il était pâle, haletant ; ses regards brillaient d'un éclat
indicible ; sa main tremblante tenait quelques pages
qu'il me montrait avec transports. J'y jetai les yeux,
et j'y reconnus mon écriture ; c'était une sorte de
journal que j'avais écrit chaque soir, depuis que j'avais
pu me rendre compte de mes souffrances, dans ma calme solitude de Maleraygues. Dans ce journal, écho fidèle
de mes impressions, de mes souvenirs, j'avais épan-
ché tout mon cœur : je n'y reprochais rien à monsieur de Varni ; mais je demandais pourquoi il ne
m'aimait plus, pourquoi il ne voulait plus même se

laisser aimer. — D'où vient, écrivais-je, qu'il se détourne de moi? Y a-t-il dans mon âme une seule pensée qui ne soit à lui? Que suppose-t-il? Que croit-il? Qu'y a-t-il donc d'étrange entre nous deux? — Et sur ce texte inépuisable, j'ajoutais mille commentaires. Soyez bénies, pages naïves que je ne croyais écrire que pour moi seule et qu'a rencontrées son regard! Ah! si vous saviez, Antoinette, avec quelle ivresse il me remerciait, avec quelle ardeur il me demandait pardon, avec quelle tendresse il s'accusait de m'avoir méconnue! — Mais, vous ne saviez donc rien? m'a-t-il demandé deux ou trois fois dans l'égarement de sa joie : je me trompais donc? Vous ne saviez rien? — Eh! que pouvais-je savoir? lui ai-je répondu avec surprise; je savais que je vous aimais, et je sais que je vous aime; et je le pressais dans mes bras comme si j'eusse voulu reconquérir en un moment tout mon bonheur de dix années. Qu'est-ce donc que ce secret auquel faisait allusion monsieur de Varni, et qui, si je l'avais connu, devait élever entre nous cette idéale barrière? Peu m'importe! je ne veux point le connaître; je ne veux point appuyer sur mon bonheur, de peur qu'il se rompe encore

sous mes pas. M. de Varni a l'air heureux, consolé,
tranquille ; il se plaît à m'entendre lui parler de ma
tendresse, à relire sur mon front pâli les traces de
cet amour qui a été pour moi un long chagrin entre
deux joies ; je n'en veux pas davantage. Que le passé
garde ses pages tristes ou sombres! Le passé n'est pas
à moi ; il est à Dieu qui pardonne les fautes, et qui
me permet d'adoucir les plaies. Adieu, chère Antoinette, souriez à mon bonheur, vous qui êtes assez
heureuse pour le comprendre, assez bonne pour le
partager. Elzéar envoie à Agricol mille joyeuses caresses, et moi, je suis toute à vous.

EDWIGE DE V...

## VICOMTE DE VARNI A DOMINIQUE.

Maleraygues, décembre 1774.

Mon cher monsieur Ermel, l'intérêt que vous prenez à tout ce qui me touche, m'engage à vous faire part de deux évènemens, dont l'un me comble de joie, dont l'autre, il y a quelques années, m'eût paru un bonheur, et me rend un peu triste aujourd'hui. Madame de Varni vient de me donner une fille, qui est bien la plus délicieuse petite créature qui se puisse imaginer. Elle s'appelle Clémentine, et, malgré mes cheveux grisonnans, elle me sourit d'une façon charmante. Je ne saurais vous dire tout ce qu'est pour moi cet enfant; c'est le lien suprême qui confond et resserre ma douce union avec Edwige; c'est le gracieux espoir de ma vieillesse; c'est la vivante prière qui s'élèvera pour moi vers le ciel; c'est l'amour, c'est la grâce, c'est le pardon... Mais, pour le moment, il faut que je quitte ces deux anges, il faut que je dise adieu aux trésors que j'avais retrouvés ici. Un ordre du roi me rappelle à mon régiment. Si la paix devait être maintenue, j'aurais demandé et obtenu un congé illimité ; mais, depuis que notre jeune et généreux roi Louis XVI est monté sur le trône, il est plus que jamais question, pour la France, de venir au secours de l'indépendance américaine. Quitter le service en ce moment, ce serait un déshonneur, et, si mon cœur m'y engageait, mon vieil orgueil ne me le permettrait pas. Je m'apprête donc à partir bientôt, en laissant ici tout ce que j'aime ; et je vous demande, mon cher monsieur Ermel, la continuation de vos bons services, dans le cas où ma femme et mes enfans auraient à les réclamer. Pardonnez-moi le laconisme de cette lettre ; je suis avare de tous les instants que j'ai encore à passer ici, et vous êtes trop bon mari, trop bon père, pour m'en vouloir si je vous quitte afin de retourner bien vite auprès d'Edwige, d'Elzéar et de Clémentine. Je suis, mon cher monsieur Ermel, votre affectionné

Vicomte DE VARNI.

## CLAUDE A DOMINIQUE.

Baveno, mars 1776.

Retenez, mon cher Dominique, tout mouvement de surprise ; Julie vous arrivera quelques jours après cette lettre.

Ainsi que je vous l'écrivais, il y a trois ans (1), après de cruelles déceptions et une bien longue attente, Julie est accouchée d'un fils que nous avons eu le bonheur de conserver. Aujourd'hui notre petit Jérôme est un gros garçon bien portant, qui me promet un robuste et intrépide héritier. Je n'ai donc plus à craindre de lacune dans cette chaîne de trois

(1) Cette lettre a été omise, comme insignifiante, par le notaire.

générations auxquelles Maria a légué sa vengeance, et je puis espérer que, si l'on faiblit à Avignon, on ne faiblira pas à Baveno. Dès lors il m'a été possible de trouver dans le sentiment qui m'attache à l'œuvre que je poursuis, le courage de me séparer de Julie.

Vous avez acquis, et je vous en remercie, la confiance entière de monsieur de Varni; Antoinette est devenue l'amie de la vicomtesse; ce qui signifie que, pourvu que le vouliez bien, vous avez tout pouvoir dans cette maison.

Monsieur de Varni, vous me l'avez appris, a quitté la France; il s'est embarqué avec les premiers auxiliaires envoyés en Amérique; étrange destinée qui lui fera, vingt ans après ses crimes, traverser ces mers des Indes où Gaston de Tervaz, sa victime, avait failli trouver la mort !

Madame de Varni est seule à Maleraygues : elle est riche; il est impossible qu'elle n'ait pas besoin d'une gouvernante ou d'une bonne pour sa fille Clémentine.

Cette gouvernante, cette bonne, ce sera Julie.

Ne vous récriez pas, ne me demandez pas quel est mon plan et mon but. Il n'est pas nécessaire que vous les connaissiez. Julie et moi nous allons entrer en scène : car, vraiment, avec vos études du cœur humain et les chagrins imperceptibles que vous donnez à nos ennemis, nous perdrions des années interminables sans punir et sans frapper !

Tout ce que je réclame de vous, c'est que vous profitiez de votre influence auprès de madame de Varni pour faire entrer Julie chez elle. Ceci, je l'exige, je le veux, et, si vous manquiez à votre serment, je partirais pour la France, et ce serait sur vous et les vôtres que je porterais mes premiers coups.

Julie ira frapper à votre porte ; c'est à vous d'arranger la fable que vous aurez à accréditer auprès de votre femme et de madame de Varni. Vingt ans se sont écoulés depuis que Julie est partie d'Avignon ; d'ailleurs, elle n'y passera que quelques heures ; elle m'a demandé comme une grâce de lui permettre de revoir une fois encore Antoinette, et j'ai cru pouvoir y consentir; car elle ne se trahira point, et Antoinette elle-même sera facile à tromper.

Je vous charge de toutes les inventions accessoires, nécessaires pour faire admettre Julie chez madame de Varni; elle est bien sûre qu'aucun regard ne la reconnaîtra, puisque monsieur de Varni est absent. Une fois installée à Maleraygues, ne vous occupez plus d'elle. C'est moi qui lui dicterai ce qu'elle aura à faire, et je sais ce que j'aurai à lui dicter.

Adieu, Dominique, ne pâlissez pas, n'hésitez pas; surtout n'essayez pas d'entraver ma volonté inflexible, car vous ne préviendriez aucun malheur, et l'âme de Maria, qui respire tout entière en moi, saurait vous punir de vos refus. Adieu.

CLAUDE.

# JULIE A CLAUDE,

Malraygues, mai 1776.

Me voici établie, mon cher Claude, chez madame
Edwige de Varni : avant de te parler de mon instal-
lation à Maleraygues, je veux te dire quelques mots
de mon arrivée à Avignon,

Lorsque je t'ai quitté, j'avais le cœur bien gros ;
si je n'ai pas pleuré davantage, c'est que je t'ai
voué une soumission sans bornes, et que pleurer en
accomplissant un de tes ordres, m'eût paru déjà un

manque d'obéissance. Mais dès que j'ai été seule dans cette voiture qui m'emportait loin de toi, loin de Jérôme, de notre beau lac, de notre jolie maison de Baveno, de tout ce que j'aime, je t'assure que je me suis bien dédommagée, et que mes pauvres yeux étaient bien rouges, quelques heures après notre dernier adieu.

En approchant d'Avignon, une émotion d'un autre genre s'est emparée de moi ; vingt ans s'étaient écoulés depuis qu'une nouvelle patrie, de nouveaux horizons, des sensations nouvelles étaient venus me faire oublier ce palais des Papes, ces remparts crénelés, ces bords du Rhône, tout ce paysage qui encadrait pour moi les souvenirs de mon enfance et de ma jeunesse. Il m'a semblé que ce passé se réveillait en un moment dans mon âme, que l'ombre chérie de Maria allait m'apparaître, que je revoyais, en un vague lointain, le pâle visage de Gaston, l'élégante silhouette du pavillon de Mignard, le plafond enfumé du cabaret de mon père, les rustiques cabanes où nous avions grandi ensemble, ce frais bosquet où tu dénichais les oiseaux jaseurs et où nous nous amusions à cueil-

lir les raisins sauvages et les mûres de buisson.
Charme étrange du pays natal ! on dirait qu'en le
quittant, nous avons laissé un peu de notre cœur à
chacun de ses arbres, de ses rochers, de ses sentiers, comme les brebis laissent un peu de leur toi-
son aux haies du chemin ; au retour, nous retrou-
vons cette partie de nous-mêmes ; mais elle est restée
jeune, nous sommes vieux, et c'est ce contraste qui
donne à nos souvenirs tant de mélancolie et de douceur.

Dominique Ermel m'attendait sur la route, à une
demi-lieue d'Avignon. Il m'a paru bien agité, bien
triste, bien abattu. Je suis descendue de voiture ; il
m'a prise dans la sienne, et il m'a fait la leçon. D'a-
près la lettre que tu lui avais écrite quelques semaines auparavant, il s'était empressé de faire des
démarches auprès de madame Edwige de Varni.
Il m'avait recommandé à elle, sous le nom de Stéphanie Durand, et comme veuve d'un de ses parens,
mort sans fortune dans un petit village du Dauphiné.
Il m'avait représentée comme si malheureuse, si
isolée, que c'était, disait-il, m'arracher au déses-

poir et me rendre à la vie, que me recevoir dans une maison hospitalière et paisible comme celle de madame Edwige, où je serais traitée en amie plutôt qu'en servante, et où je prendrais soin de la jolie petite Clémentine. Madame Edwige qui aime beaucoup Antoinette, et dont Dominique est devenu le conseil depuis le départ de M. de Varpi, avait accueilli cette demande avec une grâce parfaite, en disant que Dominique lui rendait là un grand service, qu'elle serait bien heureuse d'avoir dans sa solitude une compagne qui l'aiderait à rompre la monotonie de ses journées, et serait de moitié avec elle dans les doux soucis de la maternité. L'affaire était donc arrangée, et je n'avais plus qu'à m'acquitter de mon rôle. En me donnant tous ces détails, Dominique était pâle, défait : on eût dit qu'il obéissait malgré lui à une puissance souveraine, et que son cœur démentait tout bas ce que sa bouche me révélait.

Pour le moment il s'agissait de revoir Antoinette sans me trahir et sans qu'elle me reconnût. Il y avait vingt ans que nous nous étions embrassées pour la dernière fois près du lit de mort de Maria ; j'étais bien changée, et il me semblait que le regard même de l'amitié ne pourrait pas me reconnaître. Cependant, pour plus de sûreté, Dominique m'a fait mettre une perruque blonde, qui, cachant mes cheveux, restés si noirs et si épais malgré mes quarante ans, me donne bien la figure la plus étrange qui se puisse imaginer. En outre, j'ai dû m'affubler d'une espèce de cape noire, ramenée sur mon front, et qui dissimulait en partie l'ovale de mon visage : ajoutes-y une grande pelisse qui me couvrait de la tête aux pieds, et sous laquelle ma taille disparaissait entièrement, et tu comprendras qu'il ne devait pas rester grand'chose de cette Julie que tes amoureux regards s'obstinent à trouver encore belle.

C'est dans ce bizarre équipage que j'ai frappé à la petite porte de la rue Banasterie ; le cœur me battait bien fort. Antoinette est accourue à ma rencontre ; elle n'a presque pas vieilli ; elle a pris seulement un petit embonpoint qui lui va à merveille ; du reste, même sérénité dans le regard, même bonté dans le sourire. — « Voilà, ma chère amie, lui a dit Dominique avec une émotion qu'il s'efforçait vainement de vaincre, voilà notre cousine Stéphanie Durand, qui a bien voulu venir passer une nuit sous notre toit avant d'aller à Maleraygues. » Là dessus, Antoinette m'a embrassée; avec quel trouble je lui ai rendu cette étreinte! Qu'il m'a fallu de courage pour triompher de l'agitation de mon âme, surtout lorsque j'ai vu Antoinette m'accueillir avec cette affectueuse et communicative tendresse, qui est un de ses plus grands charmes, et devant laquelle on sent fondre t ute résolution et toute énergie! Qu'il m'eût été doux de lui dire : « Non, je ne suis pas Stéphanie Durand, une parente éloignée que tu n'a jamais connue et que tu ne connaîtras jamais; je suis Julie, ta compagne, ton amie, ta sœur, Julie que tu crois morte, qui vit et qui t'aime ! » J'ai résisté à ces entraînemens ; je me suis contentée de la presser, à plusieurs reprises, dans mes bras avec des transports qui ont dû l'étonner un peu. Puis, nous sommes montés dans le petit salon attenant à l'étude de Dominique. Antoinette m'a présenté son fils Agricol; c'est un joli garçon de quinze à seize ans, mais qui n'est pas aussi robuste que le sera, j'espère, à son âge, notre petit Jérôme.

Il a les yeux bleus de sa mère et la taille élégante
qu'avait Dominique dans notre beau temps. Quant à
Antoinette, je ne pouvais me lasser de la regarder.
Le jour baissait : bientôt on a apporté de la lumière, et nous nous sommes trouvés tous les quatre
groupés autour de la vieille table de famille. Là,
j'ai pu apprécier, en quelques heures, le bonheur
tranquille de ce ménage, moins passionné que le nôtre,
mais qu'aucun chagrin, aucun nuage n'a jamais troublé ; j'ai pu comprendre que Dominique, s'abandon-
nant au courant limpide et doux de cette vie, ait fini
par perdre de vue le terrible point de départ, et que
la mission vengeresse, léguée par Maria, soit devenue
pour lui un rêve importun plutôt qu'une pensée do-
minante. Dans nos courses aventureuses à travers
les montagnes de la Lombardie et de la Suisse, ou
dans notre nid charmant de Baveno, en face de nos
grands horizons, nous avons pu, même au milieu
des transports de notre amour, des ivresses de notre
bonheur, nous souvenir de la tâche sinistre que nous
avions à poursuivre, de la destinée singulière, implacable qui nous marquait au front, nous jetait violemment hors de la vie ordinaire, et faisait de nous d'heu-

reux proscrits; mais, dans ce modeste salon où Antoinette lui sourit, où Agricol écrit sous ses yeux, où
les travaux et les joies de la vie domestique conser-
vent toute leur tranquillité bourgeoise, Dominique
ne peut être qu'un bon père, un bon époux, un habile et loyal notaire; et, dans cette douce existence
où toutes les journées se ressemblent, l'horrible
clause du testament de Maria est devenue une page
étrange, effrayante, infernale, qu'il n'ose pas déchirer, mais qu'il voudrait ne plus relire,

Dans les premiers instans que j'ai passés ainsi
avec Dominique et sa femme, l'émotion avait tellement altéré ma voix, et je me contentais de répondre
d'une manière si brève à leurs questions amicales,
que rien ne pouvait me trahir auprès d'Antoinette.
Mais, au bout d'une heure, je me suis un peu aguer-
rie, j'ai parlé davantage, et j'ai vu Antoinette me
regarder avec une sorte de trouble indéfinissable,
comme si ma voix lui rappelait quelque lointain et
confus souvenir. Dominique m'a fait un signe imperceptible; je me suis ravisée, et Antoinette, un moment émue, a paru de nouveau complètement dé-

routée. La soirée s'est passée ainsi, sans trop d'encombre. Vers dix heures, je me suis plainte d'un peu de fatigue, et j'ai demandé la permission de me retire. C'est là, mon cher Claude, que toute résolution a failli m'abandonner. Fidèle aux lois de la bonne hospitalité bourgeoise, Antoinette m'avait fait dresser un lit dans sa chambre. Lorsque nous nous y sommes trouvées seules, Antoinette s'est mise à genoux ; j'ai imité son exemple : après une courte et fervente prière, elle m'a dit en se retournant à demi vers moi : « Nous allons maintenant prier, ainsi que je le fais chaque soir depuis vingt ans, pour deux amies qui m'étaient bien chères, et dont le souvenir est éternellement présent à mon cœur : elles s'appelaient Maria et Julie. » Alors, joignant de nouveau ses pures et blanches mains : « Mon Dieu, a-t-elle murmuré à voix basse, accueillez dans votre miséricorde Maria et Julie, si cruellement frappées en ce monde : mon Dieu, reprenez-moi le bonheur que vous m'avez donné, s'il faut une expiation pour faire monter jusqu'à vous ces deux âmes désolées! » — Quand nous nous sommes relevées, mon visage était baigné de larmes : elle s'en est aperçue, et me tendant les bras : « Stéphanie, m’a-t-elle dit, je ne sais ce qui se passe en moi ; il y a à peine quelques heures que je vous connais, et déjà je vous aime... Et vous aussi, vous m’aimerez un peu, n’est-ce pas ? » Je me suis jetée sur son cœur toute tremblante. — « Pauvre femme ! a-t-elle repris, trompée par mon émotion, vous êtes malheureuse ! vous aussi vous avez perdu des personnes qui vous étaient chères, et voilà que je vous rappelle vos chagrins : Stéphanie, pardonnez-moi : désormais vous ne serez plus seule : mon affection vous est acquise, et vous allez trouver à Male-raygues la meilleure, la plus aimable des femmes, la vicomtesse Edwige de Varni ! » — Pour toute réponse, je ne savais que me serrer contre elle avec un redoublement de tendresse ; dans ce mouvement, j’ai touché une petite croix qu’elle portait sur sa poitrine : « C’est, m’a-t-elle dit, la croix de Julie. Depuis sa mort, cette croix ne m’a jamais quittée : ah ! c’est que je l’aimais bien !... Et tenez, vous ne savez pas ? ce qui fait que je me suis sentie tout d’abord attirée vers vous, c’est que tout à l’heure, au salon, quand vous avez parlé, votre voix m’a rappelé la sienne ; et maintenant votre regard..... Oh ! oui,

vous lui ressemblez, et, je le sens à présent,
c'est pour cela que je vous ai aimée si vite!.... »

Comment résister à de tels souvenirs, à de semblable paroles? Mon courage m'abandonnait peu à
peu; heureusement, en me voyant pâlir et chanceler,
Antoinette a cru que je succombais à la fatigue : elle
s'est excusée, s'est éloignée de moi : un quart d'heure
après, nous étions couchées toutes deux, et notre
lampe éteinte.

Le lendemain matin, au point du jour, Dominique
a frappé à notre porte : car il avait été convenu que
nous partirions de très bonne heure ; j'étais réveillée
et toute prête ; les premiers rayons de l'aube commençaient à peine à glisser à travers la fenêtre de
notre chambre : je me suis levée tout doucement et
me suis avancée sur la pointe du pied, vers le lit
d'Antoinette. Les émotions de la veille avaient dû se
calmer peu à peu, et en ce moment elle dormait d'un
sommeil paisible. Je me suis penchée vers elle, et
effleurant son visage de mes lèvres : adieu, chère
amie, chère sœur ! ai-je murmuré : adieu ! puisse

ton rêve répondre au vague pressentiment de ton cœur ! Puissent les voix confuses du sommeil te redire que c'est bien Julie qui t'embrasse et qui t'aime ! Puis, m'arrachant de ce pur et chaste oreiller, je suis sortie sans bruit ; Dominique m'attendait ; je suis montée avec lui dans sa petite voiture, et, le lendemain, nous arrivions à Maleraygues.

Tu ne saurais t'imaginer, mon cher Claude, avec quelle ineffable bonté j'ai été reçue par madame Edwige de Varni. Rajeunis Antoinette de six ou sept ans ; donne-lui au lieu de sa blonde et suave beauté, une figure irrégulière, mais charmante ; fais-en une vicomtesse, et tu auras une idée de la physionomie, de la douceur et des manières de madame Edwige. J'arrivais presque disposée à la haïr, et, dès le premier jour, je me suis sentie désarmée. Son fils, Elzéar, de deux ans plus jeune qu'Agricol Ermel, a pour moi le tort de ressembler à M. de Varni. Mais s'il conserve les heureuses qualités que semble promettre son enfance, il sera aussi bon que son père a été méchant : quant à Clémentine, je n'ai rien vu de comparable à cette ravissante petite créature : elle est la joie, l'insatiable joie de sa mère, qui ne vou-

drait pas la quitter une minute, et qui m'a dit en me
conduisant à son berceau : « Vous ne me remplacerez
pas auprès de Clémentine ; mais vous me seconderez ;
elle aura deux mères. » Voilà, mon cher Claude, de
quelle façon madame Edwige de Varni m'a installée
auprès d'elle. Il n'y a rien entre nous qui rappelle les
relations de domesticité : non, avec cette délicatesse
que l'esprit suggère, mais que le cœur inspire, elle a
su, dès l'abord, faire de ma position à Maléraygues
un affectueux échange de zèle, de prévenances, de
services rendus avec dévoûment et reçus avec amitié.
On dirait sans cesse que c'est elle qui est mon obligée,
qu'elle me remercie tout bas d'avoir bien voulu venir
peupler sa solitude, m'associer à ses joies maternelles, la distraire des inquiétudes que lui cause l'absence de M. de Varni, embarqué depuis six mois sous
les ordres du marquis de Bouillé, et exposé aux périls et aux fatigues d'une guerre lointaine. Voilà,
mon cher Claude, ma position à Maleraygues : les
bontés de madame Edwige, sa tendresse ineffable pour
son mari, pour ses enfans, l'hospitalité si douce que
j'ai trouvée auprès d'elle, les caresses même de ce
jeune Elzéar et de cette petite Clémentine pour la-

quelle je ne suis plus une étrangère, tout cela me trouble et m'agite d'avance. Quand je songe dans quel but je suis venue, de quel air sombre et impérieux tu m'as dit de me préparer à ce voyage !.... O Claude ! Maria n'est pas encore vengée ; il suffit de jeter un regard sur cet intérieur si calme, si heureux, sur ces deux enfans qui ont comblé toutes les espérances du vicomte, pour reconnaître que notre œuvre n'est pas même commencée, que le testament d'Hyères attend encore un exécuteur, que rien n'a été fait pour l'expiation de tant de douleurs et de crimes ! ordonne donc ; je suis prête à obéir ; dis-moi d'être impitoyable, et je saurai étouffer dans mon âme tout sentiment de pitié. Dominique est reparti pour Avignon, deux jours après notre arrivée : il paraissait horriblement tourmenté de l'idée de me laisser à Maleraygues. Il comprend, comme moi, que tu m'as confié une mission fatale ; qu'en me plaçant dans la maison même de ceux que nous sommes chargés de punir, tu as voulu avoir ici une oreille pour entendre, un œil pour voir, une main pour frapper : donne-moi donc tes ordres, et surtout, je t'en prie,

ne me fais pas trop attendre ; ne me laisse pas le
temps de m'attacher à ces pauvres êtres qui n'ont
rien fait de mal, qui m'aiment déjà, et que je finirais
par aimer ! Tu sais que j'ai du courage ; je ne pâli-
rai pas au moment d'agir.... Ah ! si le vicomte était
ici ! si je pouvais, en le voyant tous les jours, ravi-
ver tous les jours ma haine ! si tu me disais de le
tuer, lui, le grand coupable, de lui planter un poi-
gnard dans le cœur, de le laisser se débattre dans
une sanglante agonie, regrettant avec désespoir les
biens réservés à sa vieillesse, entendant frémir à
son oreille les noms de Gaston et de Maria ! Que je
me sentirais forte pour exécuter cette sentence, pour
payer, dans ces momens terribles, ma dette de reconnaissance et d'amour à notre chère bienfaitrice !..
Mais non ; je le sens, je le devine ; ce n'est pas le vicomte que me désigne ta haine ! Tu veux sans doute
qu'il soit frappé, déchiré dans ses affections avant de
succomber lui-même. Que veux-tu donc ? dis-le tout
de suite ; car c'est trop cruel d'attendre ainsi !... O
Claude ! mon maître bien-aimé, pardonne-moi le
désordre de cette lettre, je ne sais plus moi-même ce

qui se passe dans mon cœur : il y a des momens où
je voudrais m'enfuir d'ici ; d'autres où ce seul nom
de Varni réveille en moi tous les souvenirs d'Avignon, du pavillon de Mignard, du lit funèbre d'Hyères.
Tu m'apparais, sinistre et menaçant, prompt à me
maudire si j'hésite. Claude me maudire ! Oh ! cette
pensée consume et anéantit tout le reste ! je te suis
soumise en esclave, à toi que je ne me souviens pas
avoir commencé d'aimer, puisque cet amour a été le
premier tressaillement de mon âme ! Esclave, en-
tends-tu bien ? mais esclave heureuse, prête à bénir
jusqu'aux meurtrissures de ses chaînes, à faire, de
sa plus douloureuse obéisance, une nouvelle manière
de t'aimer ! toi que, depuis vingt ans, je n'avais jamais quitté, dont la vie était ma vie, dont le souffle
était mon souffle, qui avais si bien absorbé en toi
tout mon être, que je me demande si c'est ta Julie
qui est ainsi loin de toi, et si je n'ai pas laissé toute
mon âme à Baveno, sous les lèvres de Jérôme et sous
les tiennes... oh ! qu'il me soit donné de te revoir
encore, de te presser encore dans ces bras qui aujourd'hui se ferment à vide ! Qu'après avoir rempli
à Maleraygues ma mission vengeresse, je puisse m'é-

lancer de nouveau vers ce lointain abri où j'ai laissé mon mari et mon enfant ! Eussé-je du sang à mes mains et des remords dans le cœur, tu me diras que tu es content, que Maria est obéie, que je n'ai rien perdu de ta tendresse, et tout ce qui n'est pas Jérôme et toi, s'effacera comme un mauvais rêve ! Adieu.

## CLAUDE A JULIE.

Baveno, novembre 1777.

Julie, tu as deviné, ce n'est pas monsieur de Varni qu'il faut atteindre ; ce n'est pas lui qu'il faut frapper. Si tu le laissais revenir, peut-être te reconnaî-
trait-il. Ton œuvre doit s'accomplir avant que notre
persécuteur ait remis le pied sur le seuil de sa porte ;
et cette œuvre, la voici :

Si j'ai bien compris les détails que tu me donnes,
les lettres de Dominique Ermel, les fragmens de correspondance d'Edwige avec Antoinette et du vicomte
avec Dominique, monsieur de Varni, après quelques
années de malentendus, de vagues soupçons, de sourdes inquiétudes qui avaient jeté une sorte de malaise
et de désunion entre sa femme et lui, a retrouvé l'af-

fection d'Edwige, et, avec cette affection, le bonheur et le calme : pour rendre ce rapprochement plus doux et plus décisif encore, une petite fille (ange de paix et de pardon, comme il l'appelle), est venue sceller cette réconciliation, et faire croire au vicomte, tant le sourire d'un enfant a de magique puissance! que Dieu pourrait lui pardonner ce que la terre semblait avoir depuis long-temps oublié. C'est donc sur Edwige et Clémentine que son bonheur repose. D'ailleurs, Elzéar nous est sacré, puisqu'il doit continuer cette race abhorrée, et que Maria a voulu que trois générations succombassent sous nos coups. Julie, rassemble donc ton courage; c'est Edwige et Clémentine que tu dois frapper; ou plutôt pourquoi frapper la mère? que la fille meure, et la vengeance n'en sera que plus terrible; la mère la suivra dans le tombeau, et elle aura le temps de souffrir.

Tu es admirablement placée pour accomplir l'ordre que je te donne; sans cesse auprès de cette enfant, tu peux épier le moment favorable. Tu n'as pas besoin de te hâter; la guerre d'Amérique commence à peine, et monsieur de Varni ne reviendra sans doute que dans quelques années. Attends, si tu le veux, que la confiance que t'accorde madame Edwige soit devenue assez complète, pour que rien ne puisse t'entraver, quand le moment sera venu. Regarde, écoute, sois attentive : que l'implacable souvenir de Maria et mon inflexible volonté soient pour toi une double armure contre la faiblesse, l'hésitation et la pitié. Tu comprends, n'est-ce pas? que l'arrêt est sans appel, et que si mon plan n'avait pas été tracé d'avance, je n'aurais jamais eu la force de me séparer de toi! Adieu, Julie, sois intrépide comme tu l'as été jadis pour sauver l'honneur de Maria; maintenant il s'agit de la venger; c'est la même cause que tu sers. Si je croyais avoir besoin de te donner du courage, je te dirais que manquer à ton serment et à mes ordres, ce serait t'exposer à perdre mon affection : j'aime mieux te dire que ton âme virile est au niveau de cette tâche redoutable, et qu'en te voyant tant d'énergie pour frapper ce que je hais, je croirai que tu m'aimes davantage. Adieu : Jérôme se porte bien; je t'embrasse sur sa joue, et je suis à toi pour toujours.

## JULIE A CLAUDE.

Maleraygues, mars 1777.

Oh! je t'en prie, Claude, je te le demande à genoux ; rétracte l'ordre affreux que tu m'as donné ; je n'aurais jamais le courage de l'accomplir. Tuer Clémentine!... frapper cette délicieuse enfant qui me sourit sans cesse, qui me tend ses petites mains, qui a appris mon nom presqu'aussitôt que celui de sa mère ! oh ! tu ne peux pas exiger cela ! Je ferai tout ce que tu voudras : j'incendierai Maleraygues ; je tuerai Edwige ; je tuerai Elzéar ; mais pas cette enfant ! Cette figure blanche et rose serait toujours là, devant moi ; elle me poursuivrait dans mon

sommeil; elle me rendrait folle! Tu ne peux pa
vouloir que ta femme devienne folle, que ton fils en-
tende dire un jour qu'il a une folle pour mère!
Claude, tu ne sais pas ce que c'est que cette petite
Clémentine! si tu la voyais, tu serais le premier à
me dire de l'épargner! Maria, notre bienaimée Maria
n'a pas pu exiger de nous un pareil crime... J'en
suis sûre, si on lui avait dit: La première victime de
cette vengeance héréditaire, sera une enfant de trois
ans, si jolie et si douce que l'aimer est un charme,
et la regarder une joie, Maria serait retombée sur
son lit, saisie d'épouvante, et ce testament cruel
aurait expiré sur ses lèvres ! Je te le répète, Claude, je n'en aurai jamais le courage... Je suis mère
aussi, moi, et si l'on venait tuer mon Jérôme, fût-ce
une louve affamée, il me semble que je déchirerais
avec mes dents et mes ongles la bête fauve qui es-
saierait de me prendre mon bien! Tuer Clémentine!...
cette seule idée me consume... Ah! je te le disais
bien, il ne fallait pas me laisser le temps de connaître Edwige et sa fille ! Et puis, vois-tu? tu m'ordonnes
cela maintenant, parce que tu es loin, parce que tu
n'as devant les yeux que le souvenir des crimes du

vicomte... mais ensuite, quand je paraîtrais devant toi, avec le sang de cette enfant sur le front, sur les mains, sur le cœur, partout... je te ferais horreur! tu ne m'aimerais plus, et tu veux toujours m'aimer, n'est-ce pas? ton amour t'est plus cher que ta haine?... tiens, pardonne-moi; ma raison s'égare; que serait-ce lorsqu'il faudrait agir et frapper? Je t'en prie, écris-moi vite pour me donner un autre ordre; je suis prête à tout; mais grâce pour Clémentine! ou plutôt grâce pour Julie! car je ne survivrais pas à cette enfant, et le bourreau ne pourrait se pardonner qu'en tombant à côté de la victime! Adieu; juge de mon amour; voilà le premier chagrin que tu me donnes, et il n'a fait qu'enfoncer dans mon cœur ton image et ton nom chéri.

## CLAUDE A JULIE.

Baveno, mai 1777.

Ah! toi aussi, te voilà comme Dominique! Toi aussi, tu faiblis, au moment d'accomplir enfin, après vingt ans de trève, l'œuvre expiatrice qui nous est ordonnée! Dominique aussi me demandait grâce, dès le premier pas que j'exigeais de lui sur cette route où nous devons tous trois marcher au même but! Lui du moins, est excusable; il n'a pas souffert, il n'a pas assisté aux horribles scènes; Maria l'a fait riche et l'a uni à celle qu'il aimait; voilà tout. Mais toi, Julie, qui as connu les secrets de notre malheureuse amie d'enfance; toi qui as su tous les mensonges, tous les crimes à l'aide desquels M. de Varni parvint à obtenir sa main; toi qui as vu les lentes tortures

de cette union abhorrée , l'épouvantable nuit du 25
novembre, la mort de M. de Tervaz, ma condamnation, l'agonie de Maria, toute cette histoire qui s'est
inscrite dans mon cœur en caractères enflammés,
te voilà cédant aussi à une folle pitié ! Mais tu
oublies donc que Maria, avant de mourir, n'a eu
qu'une pensée, le châtiment de son bourreau ; que
c'est nous qu'elle a chargés de cette arme fatale qui
tombait de sa main mourante ; et que, pour nous
rendre plus sacrée cette volonté suprême, elle a
tracé sur la même page, à côté de cette clause qui
nous donnait la richesse et le bonheur, celle qui nous
transmettait sa haine! Elle a voulu que ce double
legs n'en formât qu'un pour nous, qu'il nous fût impossible de séparer jamais le souvenir de notre bonheur de celui de son dernier vœu, et que notre cœur
y fût rivé par la même chaîne qui unissait Dominique à Antoinette et Claude à Julie? Que me font
maintenant les vertus de madame Edwige, la gentillesse de Clémentine? Est-ce que je les connais?
Est-ce qu'elles sont pour moi autre chose que le but
désigné à ma main? Je ne connais, dans le passé,
que l'ordre de Maria, dans l'avenir, que la punition

du vicomte et de sa famille ; ce que Maria a voulu, je le veux; ce qu'elle a ordonné, je l'exige.

Non, point de rémission ni de pitié; c'est Clémentine qu'il faut frapper et non pas une autre. Si tu hésites, je croirai que tu es ingrate; je croirai que le bonheur **que t'a donné Maria** ne t'a pas paru valoir ce qu'il te coûte, et que tu ne m'aimes pas assez pour me prouver, s'il le faut, cet amour par un crime. Si tu as besoin de rassembler ton courage, de t'accoutumer à cette pensée, attends encore, ne précipite rien; qu'aucun soupçon ne puisse t'atteindre; arrange-toi pour que la mort de cette enfant soit regardée comme un accident pur et simple, pour que rien ne puisse mettre M. de Varni sur la trace, et pour que tu sois libre de revenir auprès de moi dès que tu auras exécuté mes ordres. Tu sais si je suis homme à hésiter quand j'ai dit un mot, à reculer quand j'ai fait un pas. M. de Varni ne doit point retrouver Clémentine vivante ; cette douleur doit être le premier châtiment de ses crimes, la première expiation offerte à ceux qu'il a torturés; qu'importe le reste?

Adieu, Julie, j'attends de toi une obéissance absolue comme notre haine pour le vicomte, comme
notre reconnaissance envers celle à qui nous devons
tout. Manquer à notre serment, ce ne serait, chez
Dominique, qu'une faiblesse : pour nous, ce serait
un déshonneur. Veux-tu que nous soyons déshonorés? Adieu.

## JULIE A CLAUDE.

Maleraygues, juin 1778.

J'ai cru un moment, mon cher Claude, que la Providence voulait m'épargner l'horrible douleur de commettre un crime en t'obéissant, ou la douleur plus horrible encore de te désobéir. Clémentine a failli mourir.

Elle était un peu souffrante depuis quelques jours : un soir, nous étions près de son petit lit, Edwige et moi; l'enfant se plaignait d'une soif ardente, d'une grande lassitude; je pris tout doucement sa main et je m'aperçus qu'elle avait la fièvre; Edwige, comme si son inquiétude et son trouble l'eussent rendue incapable de démêler elle-même les symptômes du mal,

suivait du regard tous les mouvemens de ma physionomie. Je touchai les lèvres de Clémentine, elles
étaient brûlantes; et, en me penchant un peu plus
près, il me sembla que sa figure, si fraîche et si rose,
commençait à se marbrer de larges taches bleuâtres;
malgré moi je tressaillis. — Elle est bien malade?
s'écria à l'instant, d'une voix déchirante, la pauvre
mère, dont le regard ne s'était pas détaché du mien;
aussitôt elle se précipita, comme une folle, vers l'escalier. Ses domestiques accoururent. Alors, avec
cette lucidité effrayante qui est l'héroïsme des mères
en de pareils momens, elle choisit celui de ses gens
dont elle était le plus sûre, lui dicta tout ce qu'il avait
à faire : quelques minutes après, un cheval était
sellé, et le domestique galopait sur la route d'Alais,
chargé de ramener mort ou vif le médecin de la
maison.

Nous attendîmes trois heures, assises toutes deux
au chevet du lit de l'enfant qui poussait, de temps à
autre, un petit gémissement plaintif; j'avais saisi ses
deux mains pour que sa mère ne pût pas les prendre :
la fièvre redoublait. Je renonce, Claude, à te parler

d'Edwige. Hélas! tout ce que je te dirais de ses angoisses, de son œil sec et hagard incessamment fixé sur Clémentine ou sur moi, de ses tressaillemens soudains au moindre bruit que nous pouvions prendre pour l'arrivée du docteur, tout cela te fléchirait-il? ou plutôt, cruel, te parler de cette âme si tendre et si aimante , n'est-ce pas te montrer la place où tu dois frapper? A la fin, le médecin arriva ; je lui abandonnai la main de Clémentine : il resta un moment calme et froid, examinant la malade avec une attention profonde. Puis, indiquant à la mère une prescription insignifiante pour l'éloigner un moment, il se pencha rapidement vers moi et murmura à mon oreille ces deux syllabes terribles : le croup! — Claude, je le savais. Cette maladie affreuse ne m'avait-elle pas enlevé un de nos enfans, et ces premiers symptômes pouvaient-ils tromper mon expérience de mère? Claude, je le savais , et pourtant je n'avais rien dit!

Il faut que tu me pardonnes : à dater de cet instant, j'oubliai tout, Gaston , Maria , le testament d'Hyères, tes ordres, la mission dont tu m'avais chargée; j'oubliai pourquoi j'étais à Maleraygues : je ne vis plus que cette enfant menacée de mort, et cette mère désolée qui se tordait les mains en silence, épouvantée par les réticences du docteur, comme je l'étais par ses paroles. Ah! tu disais vrai, Edwige ne survivrait pas à sa fille; déchirer ce cœur, c'est le tuer. Pour moi, je le sens, il m'eût été plus facile de me laisser entraîner un moment par la crainte de te déplaire, par le souvenir de Maria, par ma propre haine pour le vicomte, et dans cette heure d'égarement et de fureur, de frapper Clémentine, que de l'abandonner, de me faire complice de son mal, de manquer à la confiance d'Edwige qui me disait sans cesse : Ecoutez bien, Stéphanie, tout ce que dit le docteur; vous le voyez, ma tête se perd... Eh bien! vous, ayez du calme pour deux ; vous sauverez cette enfant... vous serez sa seconde mère... » oh! non, rien, rien au monde n'eût pu me donner la force de résister à cette voix suppliante... Maudis-moi, si tu le veux, Claude, mais le souvenir de l'enfant que le croup m'avait enlevé, m'attachait plus intimement encore à la pauvre malade; lorsque je voyais apparaître un de ces symptômes qui m'avaient si horri-

blement torturée, il me semblait que c'était Dieu lui-
même, qui, en me donnant cette douloureuse expérience, avait voulu en faire pour moi un lien invincible auprès de Clémentine. Illusion douce et cruelle !
c'était encore mon enfant que je croyais soigner, en
restant auprès de ce lit, en secondant Edwige qui ne
savait plus que pleurer. Tu le vois, Claude, je te dis
tout ; écrase-moi de reproches, mais ne cesse pas de
m'aimer !

Trois jours se passèrent ainsi ; le docteur nous
avait dit que la nuit serait décisive; il avait composé
une potion, en nous recommandant expressément de
la faire boire à Clémentine, au moment même où
sonnerait minuit. Il y avait quatre jours que nous ne
nous étions pas couchées, Edwige et moi. J'insistai
pour qu'elle prît un peu de repos, en lui promettant
de m'acquitter exactement de tout ce que le médecin
avait ordonné. Elle me regarda sans avoir l'air de me
comprendre, et, prenant un fauteuil, elle s'assit au
chevet du lit, tenant, comme toujours, ses yeux fixés
sur sa fille. Nous commençâmes donc ensemble cette
veillée : nous n'échangions pas un mot, pas un mur-

mure; un regard nous avertissait mutuellement de ce
que nous devions faire. La respiration de Clémentine était très oppressée; ses yeux ouverts semblaient
disproportionnés avec sa figure amaigrie. Je rame-
nais de temps en temps sa couverture, lorsqu'elle la
dérangeait dans les tressaillemens de la fièvre. Au
dehors tout était silence; le vent d'est, qui avait
soufflé toute la journée, paraissait même s'être calmé,
pour que rien ne vînt nous distraire.

Edwige est d'une santé délicate; soit qu'elle eût
trop présumé de ses forces, soit qu'une sorte d'en-
gourdissement irrésistible fût amenée chez elle par
l'excès même de l'inquiétude et de la douleur, un
peu avant onze heures, je la vis pencher sa tête sur
son fauteuil; ses mains qu'elle tendait vers le lit,
s'affaissèrent; ses paupières se fermèrent; elle s'en-
dormit.

J'étais donc seule à veiller près du lit; le temps
marchait; quelques momens encore, et minuit allait
sonner; minuit, l'heure où il fallait faire boire à Clé-

mentine cette potion , dernière espérance , dernière prescription du médecin.

Alors, Claude, il me vint une idée terrible, une idée que Maria m'envoyait du fond de sa tombe; je me dis que, puisqu'Edwige dormait, je n'avais qu'à laisser passer l'heure sans faire boire la potion à la malade, et que tout serait fini. Moi aussi, je pouvais feindre de n'avoir pu résister au sommeil, et la mère elle-même avait perdu le droit de m'accuser. Oh ! comment te dire ce que j'éprouvai à cette pensée? Il me sembla qu'un fer froid, acéré , me traversait le cœur. Mes regards allaient sans cesse d'Edwige à la pendule dont l'aiguille s'avançait peu à peu vers minuit : les minutes s'écoulaient, tantôt avec une lenteur désespérante, tantôt avec une rapidité horrible: je croyais entendre au fond de mon âme murmurer la voix d'un démon; mon cerveau brûlait; une sorte de vertige et de folie s'emparait de tout mon être : Non, me disais-je, non, ce n'est pas possible, ce serait plus infâme que de la tuer ! et mes mains crispées se tournaient vers l'enfant dont j'écoutais avec terreur la toux inégale et sifflante. Au milieu de mes

angoisses, le premier coup de minuit sonna; je me
levai debout, immobile, étendant les bras vers le guéridon sur lequel étaient placées la fiole et la tasse;
mais je n'y touchais pas encore, et j'écoutais toujours
le son de la pendule qui me semblait durer un siècle.
Tout-à-coup, ô surprise ! Edwige, sans se réveiller,
mais les yeux à demi-ouverts, se leva doucement,
s'avança vers le guéridon , prit la fiole, en versa le
contenu dans la tasse ; puis, revenant à Clémentine
qu'elle souleva sur son oreiller, elle lui fit boire la
potion, sans qu'il s'en perdît une goutte. Ensuite,
obéissant toujours à cet instinct qui lui avait parlé
pendant son sommeil, Edwige répara le désordre du
lit, recoucha soigneusement la malade, ramena le rideau, et, retournant à son fauteuil, s'y laissa retomber sans bruit ; elle ne s'était pas réveillée, mais elle
avait accompli sa tâche !

Une heure après, elle rouvrit les yeux. Elle eut
un instant d'horrible angoisse, lorsqu'elle vit à la
pendule qu'il était plus de minuit; mais je me hâtai
de lui raconter ce qu'elle avait fait, et comment elle
ne m'avait pas laissé le temps de la suppléer auprès

de Clémentine. Alors, sans doute, un premier rayon d'espoir glissa dans son âme; car je vis un pâle sourire animer son visage plombé par la fatigue et les larmes. Nous soulevâmes le rideau du lit. Clémentine, à son tour, dormait d'un sommeil paisible : sa respiration était redevenue égale et douce, et sur ses joues d'une pâleur mate comme celle de l'albâtre, les taches avaient disparu. Edwige joignit les mains, et se mit à genoux; elle resta ainsi jusqu'au point du jour; et moi, sans le vouloir, j'unissais mes prières aux siennes : je priais Dieu qu'il guérît cette enfant si ardemment aimée. Le matin, le docteur arriva; il contempla attentivement Clémentine, toucha ses mains, son front, et déclara que tout danger était passé. Edwige se jeta dans mes bras avec un incroyable transport, et me dit tout bas le mot que, pendant ces trois jours, elle n'avait pas prononcé une seule fois : — C'était le croup, n'est-ce pas? — J'inclinai la tête sans lui répondre : nous nous étions comprises, et la joie d'Edwige me disait assez ce qu'elle avait souffert.

Depuis, Clémentine est entrée en pleine convalescence, et on lui permet déjà de courir dans le jardin. Sa mère a écrit à M. de Varni une longue lettre qui ira le trouver en Amérique, et où elle lui donne les détails de cette courte et terrible maladie. Cette lettre, elle a voulu me la lire. Que ne puis-je la répéter ici ? Claude, résisterais-tu aux expressions ardentes et vraies de cette tendresse de mère, aux doux épanchemens de ce cœur né pour aimer, et qui ne vit que dans ceux qu'il aime ? Je l'ignore ; tout ce que je sais, c'est que je suis bien malheureuse : malheureuse d'avoir connu ces deux angéliques créatures, Clémentine et Edwige ; malheureuse d'être loin de toi, de ne pouvoir plus puiser dans tes bras la force et le courage, malheureuse de désobéir à Maria que j'ai tant aimée, à toi que j'aime tant ! O Claude, pardonne-moi ; je t'en prie ! Je ne suis qu'une femme, j'ai trop présumé de mes forces. Il y a des crimes que j'aurai pu commettre ; mais il y a aussi des émotions que je ne puis vaincre. Cette enfant a un charme !... vraiment, quand je la regarde, je ne suis plus Julie, je ne suis plus l'amie de Maria, je ne suis plus l'instrument de sa vengeance et de la tienne ; je ne suis plus qu'une mère comprenant qu'il n'est pas de haine, de fureur, de résolution implacable, d'arme meurtrière qui ne tombe devant le regard et le sourire d'un enfant !

Me voilà telle que je suis ; maintenant adieu, Claude ; comme toujours, je suis à genoux devant toi : laisse-moi attendre M. de Varni, le tuer au moment où il reprendra possession de tous les biens qu'il doit retrouver ici, et m'enfuir ensuite vers Baveno, purifiée à tes yeux par le sang du grand coupable ! O Claude, si tu m'accordes cette grâce, quelle reconnaissance, quelle tendresse pourrai-je t'offrir, en échange de tant de bontés ? Non ; je ne puis rien, puisque mon amour et le tien ne suffisent plus à te fléchir. Mais prends Jérôme dans tes bras ; regarde-le long-temps, et si le visage de ton enfant ne t'enseigne pas la clémence, c'en est fait ; tu n'as plus qu'à chasser de ton cœur la faible et infortunée Julie.

# LE VICOMTE DE VARNI A EDWIGE.

3 mars 1779.

Ma chère Edwige, j'ai reçu la lettre dans laquelle vous me racontez l'horrible danger qu'a couru notre Clémentine ; j'ai pâli, j'ai frissonné, comme si ce danger, était encore présent... Mais non, elle est bien rétablie n'est-ce pas ? Je la retrouverai, comme je l'ai quittée, fraîche et rose ? Elle aura grandi, elle saura mon nom ; elle aura ce joli babil des petites filles, musique plus douce que celle du rossignol.... Oh ! je ne puis me lasser de parler d'elle ; elle, c'est vous encore ; et aimer Clémentine, c'est vous aimer deux fois !

Je ne vous dirai rien de la guerre ; je réserve mes

récits pour notre coin du feu et nos douces veillées de Maleraygues. J'ai eu le bonheur de me distinguer dans quelques rencontres, et je sais que M. de Bouillé, qui m'accorde une amitié sincère, a bien voulu faire passer mon nom sous les yeux du roi. Vous le comprenez, ma chère et bonne Edwige, je ne suis plus à l'âge où le bruit des armes enivre ; ce qu'il me faut maintenant que j'ai payé ma dette au pays, c'est le repos, c'est cette paisible vie d'intérieur, entre Elzéar, Clémentine et vous. Aussi ai-je profité d'une armistice pour demander à revenir en France, et ce congé m'est accordé. Je pars dans quelques semaines, et, dans quelques mois, je serai auprès de vous ; je tressaille de joie en songeant à ce moment où je vous presserai dans mes bras, vous et nos chers enfans, avec l'espoir de ne plus vous quitter !... Ah ! ce bonheur est le seul réel... Gloire militaire, plaisirs du monde, brillante agitation de la cour, qu'êtes-vous auprès de cette ineffable douceur qui nous attend au foyer domestique, auprès de ce charme qui nous sourit sur les lèvres bien-aimées !

A bientôt donc, chère Edwige. En arrivant à Toulon, je vous enverrai un courrier pour vous désigner le jour où vous me verrez à Maleraygues. En attendant, chère, soignez-vous bien, soignez bien ces enfans qui me font vivre dans l'avenir, comme votre douce tendresse me rajeunit dans le passé ! Remerciez, de ma part, cette Stéphanie Durand dont vous me parlez avec une si affectueuse reconnaissance, et qui vous a secondée auprès de Clémentine. Clémentine! j'étais bien sûr de finir par ce nom charmant, comme j'avais commencé par lui ! Ah ! c'est que j'ai pour cette enfant une tendresse que je ne saurais définir. Après les tristes dissidences, les malentendus qui nous avaient séparés, c'est Clémentine qui a été pour nous le gage d'une réconciliation que rien désormais ne peut plus ternir. Pour moi, elle est plus encore : j'ai toujours pensé qu'un homme assez heureux pour avoir une fille, devait tôt ou tard voir ses fautes rachetées devant Dieu, parce qu'il a une médiatrice qui le purifie en priant pour lui ! Edwige, conservez-moi bien Clémentine! Elle et vous, vous êtes mes deux anges ; il me semble que vous n'êtes qu'un même être, une même âme, me confondant dans votre amour comme je vous confonds dans le mien !

Adieu, Edwige : embrassez pour moi les enfans. Cette lettre ne me précédera que de quelques semaines, et moi, je veux rester sur cette pensée qui, en me transportant d'avance à Maleraygues, me remet en face de ce que j'aime. Adieu.

## CLAUDE A JULIE.

Baveno, juillet 1779.

J'apprends, par Dominique et par toi, que le vicomte de Varni est attendu, à Maleraygues, dans les premiers jours de septembre : cependant rien n'est changé dans cette maison où je t'avais envoyée. Clémentine se porte bien : Edwige est heureuse ; elle attend son mari, appuyée sur ses deux enfans ; quelques semaines encore, et monsieur de Varni rentre à Maleraygues, sans que rien y ait troublé le bonheur qu'il se flatte d'y trouver.

Voilà donc, Julie, comment auront été exécutés mes ordres, comment aura été accomplie la volonté suprême de Maria de Varni !

Et tu crois que je le souffrirai! Et tu crois que Claude le galérien, Claude le proscrit, se laissera ainsi arrêter au seuil de sa vengeance par des larmes de femme et des sourires d'enfant?—Ecoute.

Je te le dis encore une fois, il ne faut pas que monsieur de Varni te retrouve à Maleraygues, et il faut que Clémentine soit morte, avant qu'il remette le pied dans sa maison. C'est dans ce but, dans ce seul but que je t'ai envoyée auprès de madame Edwige; si tu me trahis, je te maudirai; je me condamnerai à ne plus te revoir; tu redeviendras pour moi une étrangère, une Stéphanie Durand, destinée à vieillir à Maleraygues, loin de Jérôme et de moi, près de ce vicomte, le bourreau de Maria, ton persécuteur et le mien.

Mais non; je ne dois pas même te laisser cette chance. Décide-toi et agis; sinon, ce sera moi qui me déciderai et agirai. Je partirai pour Maleraygues; je tuerai Clémentine en plein jour; puis je dirai au vicomte : Je suis Claude Rioux! Faites de moi ce que vous voudrez!

Julie, voilà mon dernier mot : tu me connais assez pour savoir que ce n'est pas là une vaine menace, et qu'en refusant de m'obéir, tu me condamnes à mort, sans sauver Clémentine : maintenant choisis. Ta conduite m'apprendra si j'ai encore une femme, ou si Julie Thibaut n'est plus digne d'être aimée de Claude.

# DOMINIQUE A CLAUDE.

Maleraygues, 16 septembre 1779.

Malheureux ! vous l'avez voulu... Julie vous demandait grâce ; vous avez rejeté sa prière : Julie vous
tendait ses mains, pures encore, en vous conjurant
d'épargner Clémentine ; vous n'avez pas permis que
ces mains suppliantes retombassent sans frapper...
Eh bien ! soyez content, ou plutôt, Claude, frisson-
nez d'horreur, de désespoir et d'épouvante. — « Choisis, disiez-vous à Julie, entre Baveno et Maleraygues,
entre mon amour et cette enfant ; obéis, ou je ne te
reverrai jamais ; que je sache si j'ai encore une femme, ou si Julie a cessé d'être digne de Claude. » —
Eh bien ! vous êtes obéi, mais vous ne la reverrez

plus ; Julie est restée digne de Claude, mais vous
n'avez plus de femme.

Une lettre de madame Edwige à Antoinette m'avait
appris que monsieur de Varni était débarqué à Toulon, qu'il avait envoyé un courrier pour l'annoncer
à Maleraygues, et que lui-même y arriverait hier
15 septembre. Madame Edwige, avec sa grâce et sa
bonté ordinaires, nous invitait, Antoinette et moi, à
venir l'aider à faire fête au vicomte et à partager la
joie de ce retour : en même temps je recevais quelques lignes de Julie, où éclatait un trouble si ef-
frayant, une douleur si poignante, qu'inquiet déjà de
sa présence dans cette maison, je dus penser que
vous lui aviez donné quelque ordre terrible, et que
nous étions menacés d'un grand malheur. Cette idée
me dominait tellement que j'engageai Antoinette à ne
pas m'accompagner à Maleraygues, sous prétexte que
les routes des Cévennes venaient d'être dégradées par
des orages, qu'Agricol ne pouvait pas interrompre
ses études, que nous ne devions pas le laisser seul à
Avignon, en un mot toutes les mauvaises raisons
que l'on cherche quand on n'en a pas de bonne. Elle

parut un peu étonnée de mon insistance, mais elle
s'y soumit avec sa douceur habituelle : aujourd'hui
je bénis le ciel qui m'a permis de la tenir éloignée
de ce lieu où nous devions épuiser, en quelques minutes, tous les genres de terreurs et d'angoisses !

J'arrivai donc seul à Maleraygues dans la journée
d'avant-hier ; madame Edwige et ses enfans m'ac-
cueillirent comme si j'étais de la famille : le vicomte
était attendu pour le lendemain matin : la petite Clémentine essayait une belle robe blanche qu'elle devait mettre pour l'arrivée de son père : elle était si
jolie ainsi que, par un bizarre pressentiment, mes
yeux, en la regardant, se mouillèrent de larmes.
Quant à Julie, elle était pâle et immobile comme une
statue, et si madame Edwige avait été moins ab-
sorbée par l'idée de revoir monsieur de Varni, elle
se serait certainement aperçue qu'il se passait quelque chose d'étrange dans l'âme de sa chère « Stépha
nie Durand. » Toute la journée présenta cet étrange
contraste : la joie des enfans, la joie moins bruyante,
mais aussi vive, de madame Edwige, et la préoccu-
pation silencieuse et profonde de Julie.

II.                                          11

Le soir, quand nous nous sommes retirés, Julie m'a prié tout bas de l'accompagner dans sa chambre, et, sans mot dire, elle m'a présenté votre dernière lettre. Je l'ai lue en frissonnant, et arrivé à la dernière ligne : Que comptez-vous faire? ai-je demandé d'une voix tremblante.—Je n'en sais rien encore, m'a-t-elle répondu; demain Dieu m'inspirera peut-être !—Et elle m'a fait signe de la laisser seule: nous avions l'air de deux condamnés qui se voient pour la dernière fois, et ne trouvent plus même une parole pour se consoler. Je lui ai pressé la main et je suis sorti. Une seconde après, j'ai entendu des sanglots et des larmes ; j'ai regardé à travers la porte ; Julie était à genoux, prosternée devant un crucifix qu'elle tenait de Maria, et qu'elle avait porté à Maleraygues.

Vous comprenez que, cette nuit-là, on a peu dormi sous ce toit ordinairement si paisible ; le lendemain matin (c'était hier), les cris joyeux d'Elzéar et les gazouillemens de Clémentine ont rempli la maison avec les premiers rayons du soleil ; je me suis levé à la hâte, et je suis descendu dans le jardin ; madame

Edwige est venue m'y rejoindre, puis Julie.

J'ai observé celle-ci avec attention : au gonflement de ses paupières, au désordre de ses vêtemens, aux traces de fatigue qui se trahissaient dans toute sa personne, il était facile de reconnaître qu'elle ne s'était pas couchée. Vous savez, Claude, combien ses cheveux étaient encore noirs et beaux ? Eh bien ! sous les ruches de son bonnet, j'ai très distinctement aperçu des tresses entières blanchies tout-à-coup par cette veillée terrible. Clémentine a couru à elle en l'appelant, comme de coutume : « Maman Stéphanie ! » Votre femme l'a prise dans ses bras, et l'a serrée sur sa poitrine avec tant de force, que la pauvre enfant n'a pu retenir un cri de surprise et d'effroi : « Voyez cette bonne Stéphanie ! m'a dit à l'oreille madame Edwidge : vraiment, elle aime Clémentine presque autant que moi : quel trésor vous m'avez donné là, monsieur Dominique ! »

D'après nos calculs, monsieur de Varni devait arriver à onze heures; il en était neuf. Maintenant, Claude, je dois retracer ici quelques détails matériels, nécessaires à l'intelligence du récit que ma main tremblante est obligée de poursuivre.

La route d'Alais à Maleraygues, par laquelle nous attendions le vicomte, s'arrête à un petit hameau, nommé Roquemille, où commence une des nombreuses chaînes de collines et de montagnes qui forment les Cévennes. Arrivé à Roquemille, on s'enfonce dans un chemin de traverse qui serpente à travers une montée fort raide, et dont le point culminant est un plateau parsemé de quelques bouquets de pins, qu'on appelle le Pic-des-Chèvres. Du Pic-des-Chèvres on aperçoit, à une demi-lieue environ, le bâtiment irrégulier de Maleraygues avec ses deux tourelles à pignon, se détachant sur le fond vert sombre de ses massifs d'ormeaux et de châtaigniers. Le seul chemin praticable pour les chevaux et les voitures qui conduise de ce plateau à Maleraygues, au lieu d'y mener en droite ligne, fait un détour de près de deux heures. Mais, pour les chasseurs, les piétons et les gens pressés, il y a un sentier qui, de loin, ressemble à une écorchure au flanc de la montagne et qui va jusqu'au château; il est dominé, à droite, par de grands rochers granitiques, presque sans végétation ; à gauche, il domine un talus large et glissant, dont la pente se termine en un immense ravin où coulent, à travers des touffes de joncs et de ronces, les eaux torrentielles et pluviales. Ce ravin, dont la profondeur épouvante, a reçu des gens du pays le nom de *Trou-du-Renard*. Comme pour dédommager un peu le regard de l'horreur pittoresque de ce site sauvage, de beaux églantiers, de belles plantes de gentiane bleue croissent sur les premières pentes de ce talus, et forment çà et là, autour du sentier de Maleraygues, une guirlande de fleurs sauvages.

Le temps était si beau, le soleil s'était levé si pur, un air si tiède et si embaumé nous arrivait de la montagne, que madame Edwige, sûre que son mari laisserait son cheval au Pic-des-Chèvres, et, pour arriver une heure plus tôt, prendrait le sentier de Maleraygues, nous a proposé d'aller à sa rencontre. Nous nous sommes donc mis en marche ; et certes, quelqu'un qui eût vu s'acheminer ainsi notre petite caravane par cette ravissante matinée d'automne, n'aurait pu nous croire tous agités que par des peusées d'espérance et de joie. Elzéar, leste et agile comme un daim, a pris les devans, en nous criant que, grâce à ses jambes de seize ans, il voulait être le premier à embrasser son père : je donnais le bras à madame Edwige, qui, doucement émue, promenant ses regards autour d'elle, comme pour contempler ces rayons et cet azur si bien en harmonie avec la fête de son cœur, s'appuyait sur moi et avançait lentement. Julie nous précédait de quelques pas, donnant la main à Clémentine qui sautillait, riait, gazouillait, et, de temps en temps, se retournait vers sa mère. « Que je suis heureuse ! » me disait Edwige attendrie, en me montrant alternativement cette délicieuse enfant, son fils Elzéar dont la taille svelte et gracieuse se dessinait au loin sur la mince saillie du sentier, et, plus haut, ce plateau qui se découpait sur les brumes lumineuses de l'horizon, et où elle allait bientôt voir paraître monsieur de Varni. Pour moi, je n'avais pas la force de lui répondre, et il y avait des momens où je me sentais chanceler comme un homme ivre.

Nous marchions ainsi depuis environ un quart

d'heure ; Julie et Clémentine nous précédaient toujours, à la même distance : Clémentine, voyant au
bord du sentier un églantier encore couvert de ses
roses et quelques grappes de gentiane fraîches
comme des saphirs, a dit qu'elle voulait faire un beau
bouquet pour son père. Là-dessus, la voilà butinant,
cueillant à droite et à gauche ; et lorsqu'une tige était
trop loin de sa main, priant Julie de venir à son aide;
et Julie, forte et intrépide, se penchait sur cet ef-
frayant talus, pour atteindre les fleurs que lui dési-
gnait Clémentine : « Mais prenez donc garde ! lui a
dit deux ou trois fois madame Edwige : Stéphanie,
si le pied vous glissait !... grand Dieu ! un malheur
arrive si vite ! » Pendant qu'elle parlait, je regardais
Julie : une ardente rougeur teignait ses joues, un
éclat fébrile brillait dans ses yeux.

Les minutes s'écoulaient ; mon cœur palpitait, en
proie à une anxiété mortelle ; des gouttes de sueur
froide perlaient sur mon front. Julie et Clémentine,
toujours occupées à ramasser et à grossir le bouquet, se sont trouvées un instant derrière nous: en cet
instant même... Claude, aurai-je la force d'achever ?...

Nous étions parvenus à dix minutes à peu près du Pic-des-Chèvres ; nous en distinguions parfaitement les groupes d'arbres clairsemés à travers les mamelons grisâtres. Elzéar avait depuis long-temps disparu derrière un de ces massifs. Il courait, dans la direction du hameau de Roquemille, à la rencontre de monsieur de Varni.

De la hauteur où nous étions, nous apercevions sous nos pieds, à une grande distance, le Trou-du-Renard qui prenait en cet endroit les sombres et effroyables proportions d'un de ces précipices si communs dans les pays de montagnes, où l'œil, attiré par les mystérieuses fascinations du vertige, croit voir des formes bizarres et fantastiques s'agiter dans l'ombre, au milieu des buissons, des flaques d'eau stagnante et des quartiers de rocs détachés de leur base.

Tout-à-coup, madame Edwige, qui n'avait pas quitté mon bras, a poussé un cri de joie : à l'extrémité du sentier, du côté du Pic-des-Chèvres, deux hommes s'avançaient vers nous en agitant leurs mouchoirs : déjà nous pouvions reconnaître la haute

taille de monsieur de Varni et l'élégante tournure de
son fils : « C'est bien lui ! c'est mon mari ! a dit madame Edwige : Elzéar l'a rencontré, et ils nous reviennent tous les deux ensemble. »

Mais à peine avait-elle prononcé ces paroles,
qu'un autre cri, un cri de détresse et d'horreur, a
retenti dernière nous : nous nous sommes retournés
en frissonnant.... O Claude ! quel spectacle a frappé
nos regards !

Clémentine, sans doute en voulant ramasser une
dernière rose d'églantier ou un dernier brin de gentiane, s'était trop avancée sur le bord du sentier. La
pauvre enfant avait-elle perdu l'équilibre ? Une main
trop docile à vos ordres l'avait-elle poussée par derrière ? voilà ce que nous ne saurons jamais : ce que
nous avons vu, c'est cette infortunée, cette douce et
suave créature de cinq ans, entourée jusque-là de
tant de tendresse et d'amour, glissant sur le talus où
ses petites mains essayaient vainement de se retenir,
puis, à mesure que la pente devenait plus raide, rou-
lant avec une effrayante vitesse. Tout cela, vous le

pensez bien, a été plus prompt que l'éclair ; madame
Edwige n'avait pas eu le temps de sentir se glacer le
sang de ses veines, que déjà son enfant, meurtrie,
brisée, mise en lambeaux par la rapidité de sa chute
et les aspérités des rochers, ne nous offrait plus
qu'une informe masse blanche, emportée vers l'a-
bîme comme un flocon de neige balayé par le vent.
Mais ce n'était que la première scène de ce drame
épouvantable. Julie, folle de douleur, de remords
peut-être, s'était penchée sur le précipice, tendant
ses bras à Clémentine, qui était déjà trop loin pour
qu'elle pût la saisir.... L'égarement et le vertige
se peignaient sur ce noble front ; les yeux fixés
sur le corps de cette enfant dont les gémissemens
même ne s'entendaient plus, sa raison et son âme
semblaient emportées vers ce point blanc prêt à
disparaître dans le gouffre : puis, quand tout a été
dit, elle s'est élancée pour aller rejoindre celle
qu'elle n'a pu ni épargner, ni laisser mourir seule.
Oui, Claude, Julie, votre femme, votre bien-aimée
compagne, la mère de Jérôme, je l'ai vue à dix pas de
moi, sans pouvoir la secourir, suivre dans l'abîme et
dans la mort cette victime pour qui elle vous avait

vainement demandé grâce. Affreux spectacle, qui sera éternellement présent à mes regards pour que tout mouvement de joie me soit désormais impossible ! Malgré la vigueur avec laquelle Julie s'était élancée, elle avait recontré, à quelque pas au dessous du sentier, une touffe de rosiers sauvages qui l'avait arrêtée un moment : elle pouvait se sauver encore ; j'ai couru à elle : forte et agile comme elle l'était, il lui eût été facile de se cramponner à cet obstacle, de faire un effort pour remonter le talus et de s'accrocher à ma canne : — Non, non, m'a-t-elle dit ; vous savez bien que je dois mourir ! dites à Claude que je l'aime toujours.... » — En prononçant ces mots, elle a pris un second élan ; et un instant après, elle disparaissait dans le précipice.

J'étais si écrasé par cette double catastrophe, que je ne pensais plus même à Edwige : en me retournant, je l'ai vu assise sur un rocher : M. de Varni et Elzéar n'étaient plus qu'à cinq minutes de nous ; ils accouraient joyeux, n'ayant rien vu, ne sachant rien ; car du point où ils étaient, on ne pouvait apercevoir le Trou-du-Renard. Je me suis approché d'Edwige ;

j'ai saisi sa main ; elle était froide comme le marbre : j'ai voulu lui parler ; elle ne m'a pas répondu, et j'ai été d'autant plus effrayé, qu'elle ne versait pas une seule larme : ses yeux étaient secs et vitrés : « Madame ! lui ai-je dit, vivez, revenez à vous ! il vous reste un fils, un mari ! les voilà qui arrivent ! ils vous aimeront ; nous pleurerons ensemble l'ange que nous venons de perdre et qui prie pour nous dans le ciel ! » — Même silence.

Alors, Claude, je me suis avisé, pour la ranimer, d'un moyen terrible, que je vous prie de me pardonner. Moi aussi, je sentais peu à peu ma tête s'égarer ; ivre de désespoir, transporté de colère contre l'œuvre exécrable à laquelle nous étions rivés et qui venait de frapper devant moi deux êtres si dignes d'amour, je me suis révolté contre vous, contre vos ordres, contre le testament d'Hyères, contre le vœu de Maria, et, saisissant avec plus de force la main glacée d'Edwige : Madame, lui ai-je dit, Madame, écoutez-moi : il y a dans tout ceci un épouvantable secret : M. de Varni a fait autrefois le malheur d'une femme : cette femme, en mourant, a légué sa vengeance à trois personnes : cette Stéphanie, qui vient de se jeter dans le gouffre, était une de ces personnes : mais il en est deux qui survivent : Madame, je trahis-là, pour vous, un pacte scellé par le serment et la mort : profitez-en pour sauver ce qui vous reste. Clémentine est morte ; mais M. de Varni et Elzéar sont menacés par les mêmes ennemis : d'aussi affreux périls les attendent : sauvez-les ; dites à M. de Varni qu'il se tienne sur ses gardes ; dites-lui que cette Stéphanie Durand s'appelait, il y a vingt ans, Julie Thibaut ; dites-lui que Claude Rioux et Dom.. » Je me suis arrêté : le dernier nom que j'allais prononcer a expiré sur mes lèvres : en m'écoutant, Edwige avait paru reprendre ses sens : elle s'était levée ; une nouvelle angoisse avait éclaté sur ses traits : mais au moins cette angoisse, c'était la raison, c'était la vie, c'était un sentiment nouveau qui la rattachait à l'avenir. Tournée du côté de M. de Varni et d'Elzéar qui approchaient toujours, elle semblaient les appeler. Ceux-ci n'étaient plus qu'à quelques pas, et, en nous voyant seuls, en désordre, une pâleur de mort répandue sur notre vi-

sage, ils commençaient à se sentir saisis d'une affreuse anxiété :

— Clémentine ! où est Clémentine ? s'est écrié
M. de Varni.

D'un geste, Edwige lui a montré le gouffre ; puis
j'ai cru qu'elle allait parler : en effet, elle a bégayé
quelques syllabes, quelques mots sans suite : Elzéar !..
Monsieur !.. prenez garde... un pacte... un péril... Stéphanie... Clémentine.... » Ses lèvres remuaient ; ses
mains s'agitaient ; elle faisait un suprême effort pour
articuler une phrase, pour répéter ce que je venais
de dire : M. de Varni, muet d'épouvante et d'horreur, attendait une parole qui lui apprît enfin ce
qu'il avait à pleurer, ce qu'il avait à craindre : il a
attendu en vain ; madame Edwige a essayé de parler
encore, mais d'une façon toujours plus inintelligible :
ensuite, ses lèvres pâlies se sont serrées, ses mains
se sont raidies ; son visage, qu'avait un instant coloré
une sorte d'animation factice, est devenu livide : ses
yeux, encore ouverts, sont demeurés sans regard ;
elle s'est affaissée sur elle-même ; M. de Varni et El-

zéar ont tendu leurs bras pour la soutenir : leurs bras n'ont plus rencontré qu'un cadavre.

Ainsi Edwige est morte quelques minutes après Clémentine et Julie : votre haine impitoyable a déjà fait trois victimes : êtes-vous content?

Je n'essayerai pas de vous peindre le désespoir de M. de Varni : celui-là vous toucherait peu, et je songe plutôt au vôtre.

C'est seulement quelques heures après, quand le vicomte a été en état de m'entendre, que j'ai pu lui raconter ce qui s'était passé. Dans l'intervalle, je m'étais calmé; j'avais pu réfléchir à tout ce qu'il y avait de coupable et d'infâme à trahir notre secret, notre pacte, à vous désigner aux ressentimens de M. de Varni, à manquer à notre serment, au vœu de Maria... J'avais repris ma chaîne, et je n'ai dit au vicomte que ce qui devait lui sembler le plus vraisemblable : je lui ai dit que Clémentine avait voulu ramasser un bouquet de fleurs sauvages pour le lui offrir à son arrivée; que Stéphanie Durand, qui nous accompaguait et qui aimait cette enfant comme sa fille, l'aidait à cueillir ces fleurs : que Clémentine, avec l'étourderie de son âge, s'était trop avancée au bord du sentier, que le pied lui avait glissé, que Stéphanie avait voulu la retenir, mais qu'entraînées toutes deux par la rapidité de la pente, le dévoûment de Stéphanie n'avait servi qu'à la faire périr avec Clémentine, et que nous les avions vu rouler dans le gouffre, sans qu'aucune puissance humaine pût les secourir. J'ai ajouté qu'à ce spectacle, madame Edwige, passant tout-à-coup de la plus douce joie à la plus horrible douleur, n'avait pu résister au choc ; que cette nature, si aimante et si tendre, avait été brisée; que mes efforts pour la ranimer en lui montrant son mari et son fils étaient demeurés inutiles ; et que le vicomte et Elzéar étaient arrivés tout juste à temps pour recevoir son dernier soupir.

Vous le voyez, M. de Varni n'a rien pu savoir de ce qu'il fallait lui cacher : notre secret nous appartient toujours ; la mort s'est chargée de le protéger.

Vous pouvez juger ce qu'a été notre retour à ce

château de Maleraygues où s'abritait, quelques heures auparavant, tant de bonheur et d'espérance. Les métayers de M. de Varni sont allés chercher le corps de madame Edwige. Ensuite, à l'aide de perches et de cordes, ils sont descendus dans le Trou-du-Renard, d'où ils ont rapporté les restes mutilés et méconnaissables de Clémentine et de Julie. C'est moi qui ai présidé aux funérailles de ces trois êtres si aimables, frappés tous trois du même coup. Le curé de Roquemille les a célébrées sans faste et sans pompe, au milieu du concours des habitans du village et des fermes voisines. Pour chacun de ces pauvres gens, Edwige avait été un ange de charité, de grâce et de bonté. Clémentine, citée dans tout le pays pour sa gentillesse, était le sourire et la joie de ces foyers rustiques : Julie avait eu le temps de se faire aimer comme une digne sœur d'Edwige, comme une seconde mère de Clémentine.

Tout le monde pleurait; le vieux curé a voulu parler; mais les sanglots ont étouffé sa voix, et il n'a trouvé un peu de courage que pour réciter les sublimes prières de l'Eglise, cri des immortelles espérances poussé du sein de la mort. Après la cérémonie, je suis venu retrouver le vicomte ; la douleur l'a dompté : ce n'est plus ce grand seigneur que nous avons connu si superbe et si fier ; c'est un homme vieilli en un jour et courbé sous la main de Dieu : quant à Elzéar, sa douleur fend l'âme; mais il n'a que seize ans, et, à cet âge, on se console.

Adieu, Claude; il me semble que notre correspondance doit se terminer ici, au moins pour quelque temps. Qu'aurions-nous maintenant, vous à m'ordonner, moi à vous apprendre ? Tout ce que vous pouviez atteindre, est aujourd'hui dans le tombeau, et, comme si Dieu avait voulu donner à votre vengeance un caractère plus terrible, elle s'est retournée contre vous, enveloppant dans le même crêpe funèbre l'objet de vos haines et celui de vos tendresses. Le cœur de M. de Varni et le vôtre saignent de la même blessure. A présent, qui pourriez-vous frapper? Il ne reste plus qu'un homme incliné sur deux tombes, et ce jeune Elzéar auquel nous ne pouvons toucher, puisqu'en lui repose tout l'avenir de cette race désignée pour tant d'années encore à d'hé-

réditaires châtimens. Renfermez-vous donc dans votre douleur. Pleurez, si Dieu vous accorde des larmes, pleurez sur cette adorable Julie, qui n'a pu ni
vous désobéir, ni survivre à Clémentine ! Moi, je vais
retourner à Avignon, essayer de retrouver un peu de
calme auprès d'Antoinette et d'Agricol : mais, hélas!
mon bonheur est à jamais perdu : pour que le cœur
puisse être heureux, il faut que la conscience puisse
être paisible. Claude, qu'avez-vous fait de la mienne?
Elle n'est plus à moi ; elle est devenue votre bien ,
votre esclave... Oh! pardon! je suis un insensé de
vous parler de ce que je souffre.... Que sont mes
souffrances auprès des vôtres? ai-je le droit de compter ce que me pèse cette vengeance, quand je pense
à ce qu'elle vous coûte? Adieu donc, Claude, je vous
laisse à vos douleurs, aux regrets éternels qui vont
déchirer votre âme : des reproches seraient aujour-
d'hui trop cruels; je me contente de pleurer avec
vous. Puisse du moins le coup qui vous frappe fléchir votre volonté indomptable ! Puisse la journée
d'hier suffire à votre haine, et la clémence rentrer
dans votre cœur avec l'image de l'infortunée Julie !
Puissions-nous n'avoir jamais à reprendre cette tâ-

che, et ne plus trouver, que dans nos souvenirs, les pâles fantômes de Maria et de ses victimes!... Adieu, Claude, nous reverrons-nous encore en ce monde? Quelle que soit notre amitié, il me semble que j'éprouverais, en vous revoyant, plus de terreur que de joie ; car vous m'apparaîtriez comme le spectre du passé, comme la menace de l'avenir : vous ramasseriez cette arme empoisonnée que je jette aujourd'hui loin de moi, pour la replacer entre mes mains... Grâce! mes mains n'ont plus de courage que pour presser celles que j'aime, ou pour s'élever vers Dieu en lui demandant pardon!

Telle fut la lugubre histoire que Claude et Dominique déroulèrent, dans leur long et mélancolique
entretien. Sept ans s'étaient passés depuis la catastrophe de Maleraygues. Dominique, bien que sa vie
simple et bourgeoise dût le reposer des émotions violentes, et que sa douleur ne pût garder toute son
amertume entre Antoinette et Agricol, avait con-
servé, à la suite de ces évènemens tragiques, une

tristesse qui l'abandonnait rarement : Antoinette avait long-temps pleuré Clémentine, Edwige, et cette Stéphanie Durand à laquelle elle n'avait jamais donné son nom véritable. Pourtant les gracieuses amours d'Agricol avec Adeline, les préparatifs de leur mariage, étaient venus apporter une diversion dans l'existence du notaire et de sa femme. Pendant cette soirée où nous avons vu le rire et la danse, ces deux hôtes des jours heureux, s'introduire, sur les pas d'Agricol et d'Adeline, dans la grave maison de la rue Banasterie, rien ne troublait plus le cœur paisible d'Antoinette, et l'âme bourrelée de Dominique sentait peu à peu se cicatriser ses secrètes blessures.

Après l'affreuse journée du 15 septembre, le château de Maleraygues était devenu odieux au comte de Varni. Il voyagea pendant quelques années avec Elzéar, dont les qualités aimables étaient désormais sa seule consolation : M. de Varni avait fait avec distinction les premières campagnes de la guerre d'Amérique; il s'y était lié avec quelques hommes éminens de cette époque, et, lorsqu'au retour de ses voyages, il s'arrêta à Paris pour présenter Elzéar à Louis XVI et à la reine, l'accueil qu'il reçut était de nature à flatter son vieil orgueil; mais le malheur, en brisant cette âme superbe, ne lui avait laissé de force que pour souffrir. La douleur, dans les cœurs souillés et coupables, a cela d'horrible, qu'elle ne garde que ses aspects sombres, solitaires, désolés. Elle manque de ce côté humain, affectueux, attendri, qui rattache l'affligé à la grande famille de ceux qui pleurent, et absorbe, pour ainsi dire, l'affliction individuelle dans cette communauté douloureuse où les fardeaux s'allégent en se partageant, et où le Dieu qui frappe est aussi le Dieu qui console. Dès les premiers chagrins ressentis par M. de Varni pendant les années qui suivirent son mariage, une superstition instinctive avait ramené sa pensée vers les orages et les crimes de sa jeunesse, et lui avait représenté Edwige comme destinée à venger Gaston et Maria : lorsqu'un même moment lui eut enlevé sa femme et sa fille, cette idée lui revint avec plus de force : il crut voir apparaître le doigt de Dieu dans l'épisode du sentier de Maleraygues : ses remords se réveillèrent, et, pour rendre ses douleurs plus vives, se confondirent avec elles. Il essaya de chercher dans la religion un adoucissement aux maux qui le consumaient : mais sa foi n'était que superficielle, comme l'est trop souvent celle des riches, des grands, des heureux : ils en font une sorte d'*en cas*, réservé pour les mauvais jours, et auquel ils ne touchent pas tant que dure la prospérité. Pour eux, la religion n'est pas une compagne qui adoucit les angoisses parce qu'elle a sanctifié les joies : c'est une amie importune et austère qu'ils délaissent tant qu'ils peuvent se passer d'elle, et qu'ils voudraient rappeler quand elle aurait à essuyer leurs larmes. Leur cœur, toujours le même, transporte dans ce nouvel amour, cet égoïsme qu'il met dans l'amour terrestre. Il n'en a jamais ni connu, ni désiré les dévoûmens, les sacrifices, les secrètes immolations : au lieu de s'assimiler ces tendresses, d'en faire son sang et sa vie, il les a tenues à distance : aussi, lorsque viennent les afflictions, lorsqu'il aurait besoin de ce mystérieux secours, il ne le retrouve plus : la voix qu'il invoque n'a plus d'écho en lui : le rayon qu'il appelle ne lui vient que du dehors, au lieu de l'éclairer au dedans, comme la lampe d'albâtre que vivifie la lumière : il est isolé dans ses douleurs, comme il était égoïste dans ses joies.

Voilà ce qu'éprouvait M. de Varni; aussi sa tristesse avait quelque chose de morne et de sombre, qui causait plus d'effroi que de pitié; la société lui était à charge; la solitude l'épouvantait : son fils même était quelquefois pour lui un sujet de vagues alarmes : il se demandait si cet aimable et brillant jeune homme, dernier espoir de sa solitaire vieillesse, échapperait à la fatalité qui semblait peser sur tous ceux qu'il aimait. On le voit, Maria était trop bien obéie : rien ne manquait au châtiment de son bourreau.

Enfin, après cinq ans d'absence, le vicomte, las du monde, fatigué des voyages, dégoûté de Paris et de la cour, dont le bruit et l'éclat ne réussissaient plus à le distraire, était revenu à Avignon; et bientôt il avait marié son fils à une jeune personne appartenant à une des plus nobles et des plus riches familles du pays, mademoiselle Adrienne de Flassan. Cette union semblait devoir être heureuse, et, au moment où se sont rouverts mes Mémoires, Adrienne, arrivée au terme d'une grossesse, ranimait dans le cœur de son beau-père, ces idées d'avenir, ces espérances de famille, long-temps étouffées par les chagrins.

Dominique eut bien vite mis Claude au courant de ces diverses circonstances : il lui parla aussi du mariage d'Agricol et d'Adeline, de leurs mutuelles tendresses, du bonheur que ce surcroît de famille promettait à sa vieillesse.

A son tour, Claude lui raconta comment il avait passé les sept ans qui s'étaient écoulés depuis l'horrible drame de Maleraygues. En apprenant la mort de Julie, la douleur qu'il avait ressentie, loin de désarmer sa haine pour le vicomte, l'avait rendue plus ardente encore. S'occupant seul de l'éducation de Jérôme, à mesure que cet enfant grandissait, il lui faisait respirer cette haine dans chacune de ses leçons : il entretenait sa jeune imagination des tragiques scènes du bord du Rhône, du pavillon de Mignard, des dix mois passés par lui aux galères, et de la mort de Julie, dont il faisait, aux yeux de son fils, une conséquence des crimes de M. de Varni. Jérôme, trop jeune au moment où sa mère l'avait quitté, pour garder d'elle un souvenir, avait éprouvé, quelques années plus tard, ce sentiment triste et bizarre, cette tendresse posthume et rétrospective, qu'éprouvent les orphelins pour les parens qu'ils n'ont point connus. Ce sentiment auquel les souvenirs de Jérôme ne pouvaient donner une forme, se confondit pour lui avec l'image du vicomte, qu'il détesta de tout l'amour qu'il ne pouvait plus avoir pour Julie. Elevé à la campagne, dans toute la liberté d'une vie à demi sauvage, ramené sans cesse par Claude vers ce sinistre passé qui prenait à ses yeux les perspectives d'une histoire vivante dans sa mémoire, mûri avant l'âge par ces entretiens, par cette éducation étrange, cet enfant devint tel que le désirait son père, tel que l'eût rêvé Maria mourante. Sa haine pour M. de Varni fit comme ces lettres que l'on grave sur l'écorce des jeunes arbres, et qui grandissent avec eux.

Pendant que Dominique et Claude échangeaient ces récits et ces confidences, la soirée avançait. Le son lointain de la musique, des rires et de la danse qui arrivait à leurs oreilles, s'était affaibli peu à peu. On entendait les derniers bruits d'une sortie de bal ;

le mouvement des servantes qui s'étaient endormies sous le vestibule ; la voix des maris et des mamans qui rattrapaient leurs femmes et leurs filles en leur recommandant les précautions d'usage contre les rhumes et le grand air ; et les notes expirantes du tambourin et du violon qui s'achevaient dans l'antichambre et s'éteignaient dans la rue.

Quelques minutes après, on frappa discrètement à la porte du cabinet de Dominique Ermel. C'étaient Agricol et Adeline qui, attristés de sa longue absence, venaient lui demander sa bénédiction avant de se retirer dans leur chambre. Dominique se leva, et étendant ses mains sur le front des deux jeunes époux dont le cœur palpitait d'une émotion délicieuse :

— Mon Dieu ! dit-il, bénissez-les ! Ce fils que vous m'avez accordé dans votre bonté inépuisable, ne m'a pas donné un moment de chagrin : cette fille que j'adopte et qui devient ma fille, est pure comme un de vos anges : bénissez-les : donnez-leur cette paix de l'âme, ce bonheur intime qui manque souvent, en ce monde, à ceux-là même que l'on croit

heureux ! Mon Dieu ! faites descendre sur cette maison les biens promis à ceux qui aiment ! Détournez-
en les douleurs réservées à ceux qui haïssent ; et que,
sous cet humble toit, on ne sache jamais que prier,
chérir, pardonner !

En prononçant ces mots, le notaire avait peine à
contenir le trouble douloureux qui l'agitait : Claude
était là, et sa présence suffisait pour qu'une arrière-
pensée terrible se mêlât, dans le cœur de Dominique,
à ces paroles de bénédiction et de paix.

Agricol et Adeline se relevèrent : une dernière
larme, larme d'amour, d'innocence, d'inquiétude et
de joie , brillait dans les yeux de la jeune femme.
Agricol porta à ses lèvres la main tremblante de son
père, et l'heureux couple sortit.

En ce moment, un pas rapide retentit dans l'escalier ; un domestique en grande livrée entra dans le
cabinet ; il tenait à la main un papier sur lequel
quelques mots avaient été écrits à la hâte. Dominique y jeta les yeux, et dit :

— Madame Elzéar de Varni vient d'accoucher d'un garçon.

En même temps, il entendit la voix de Claude murmurant tout bas à son oreille :

— Voilà notre tâche qui recommence, et c'est sur vous que je compte pour la recommencer.

L'ENTR'ACTE.

# III.

Peu de temps après, Claude s'installait chez le vicomte de Varni en qualité d'intendant; c'était, comme
on doit le penser, la recommandation de Dominique
Ermel qui lui avait fait obtenir cette place. En effet,
l'horrible catastrophe de Maleraygues, loin de porter
atteinte au crédit et à l'influence du notaire auprès
de M. de Varni, y avait encore ajouté; car le vicomte

croyait toujours que la prétendue Stéphanie Durand, cette autre protégée de Dominique, avait péri victime de son dévoûment; que, voyant tomber Clémentine dans le gouffre, et n'écoutant que son affection ou son désespoir, elle s'y était précipitée pour sauver cette chère enfant ou pour mourir avec elle.

Dominique n'avait donc pas eu de peine à faire entrer Claude chez M. de Varni. Comment, après trente années d'agitations, de chagrins et d'épreuves, lorsque tant d'émotions, douces ou terribles, avaient tour à tour passé dans sa vie, comment le vicomte eût-il reconnu Claude Rioux, le rude et inculte pêcheur du Rhône, dans cet étranger vêtu de noir, entièrement transformé par un changement complet de position et d'existence, rendu méconnaissable par ses cheveux blancs qui donnaient à sa figure brune et hâlée un tout autre caractère, et par le léger accent italien qu'il avait contracté pendant son séjour à Baveno? Aussi M. de Varni fut-il complètement dupe, lorsque Dominique lui présenta Claude comme un parent du banquier Ciliano, avec lequel l'Étude Margerin était depuis long-temps en correspondance.

Dominique ajouta que son protégé, qu'il appela Darnioli, ruiné par la mauvaise foi d'un ami à qui il avait confié presque toute sa fortune, accablé d'ailleurs par la mort d'une femme qu'il adorait, s'était vu contraint de s'expatrier et de chercher à utiliser, au service de quelque grande maison, son intelligence et sa probité. Dominique en répondait d'ailleurs comme de lui-même. M. de Varni n'hésita pas. L'âge de Claude, l'expression énergique de ses traits, prudemment atténuée par un air de réflexion et de réserve, l'égale facilité avec laquelle il parlait l'italien et le français, talent précieux pour le vicomte qui avait encore de grands intérêts en Toscane, tout concourait à lui faire regarder l'acquisition d'un pareil intendant comme une bonne fortune ; et si, dans cette affaire si vite et si facilement arrangée, il y eut quelqu'un d'inquiet et d'irrésolu, ce ne furent pas les deux principaux intéressés ; ce fut Dominique Ermel, que l'infernal ascendant de Claude, parlant, comme toujours, au nom de Maria, put seul décider à une combinaison dont il prévoyait les horribles suites.

Avant de continuer un récit dont l'horizon va se trouver agrandi par les évènemens politiques, jetons un regard sur cette famille que tant de malheurs avaient déjà décimée, que tant de malheurs attendaient encore. A l'époque où nous ont conduits ces Mémoires, un peu de bonheur et de calme était rentré dans cette maison. Le vicomte et son fils, que nous avons revus à Avignon dans notre dernier chapitre, n'y étaient revenus qu'à cause de la grossesse de madame Elzéar de Varni, et c'est grâce à cette circonstance qu'ils avaient pu assister au mariage d'Agricol Ermel. Mais, quelque temps après l'heureuse délivrance d'Adrienne et le baptême de son enfant qui fut appelé Raymon, toute la famille se hâta de retourner à la campagne, dans une simple et charmante habitation qu'Adrienne avait apportée en dot à son mari. Cette rustique demeure, qui ressemblait moins à un château qu'à un frais et gracieux *cottage*, se nommait le Tavelay : elle était située dans cette partie du Languedoc qui forme aujourd'hui l'arrondissement d'Uzès. On y arrivait à travers champs, et telle était l'épaisseur du rideau d'arbres qui l'abritait, qu'on n'apercevait la maison qu'au moment d'y entrer. La jolie petite rivière du Tave, dans ses sinuosités et ses entrelacemens bizarres, dessinait à l'entour une sorte de presqu'île, formée par les jardins, les prairies et les massifs. Ses deux bords, sur lesquels avaient poussé naturellement et grandi en toute liberté des rangées irrégulières d'ormeaux, d'aulnes, d'aubes et de saules, étaient devenus des allées remplies d'ombre et de fraîcheur, où gazouillaient tour à tour, suivant la saison, le rossignol et le loriot, le merle et le rougegorge. Cette eau limpide, transparente, protégée contre la poussière et le soleil par son impénétrable dôme de verdure, coulait à travers des pierres mousseuses qui servaient aux promeneurs pour sauter d'une rive à l'autre. Devant la maison, que tapissaient des touffes de plantes grimpantes, une large éclaircie donnait vue sur le paysage, et une belle prairie, dentelée à droite et à gauche par des groupes d'arbustes, s'étendait en pente douce jusqu'à la rivière. Pour oublier de longs chagrins, pour se reposer des orages de la vie, ou pour dérober au monde les délices d'un amour partagé, l'imagination ne pouvait rêver de séjour plus aimable que le Tavelay.

Le vicomte de Varni y avait demandé l'hospitalité à son fils et à sa belle-fille, et, malgré sa tristesse profonde, il paraissait s'y plaire. Ses chagrins lui avaient rendu odieux son hôtel d'Avignon et son château de Maleraygues. Au Tavelay, du moins, ses souvenirs et ses douleurs n'étaient qu'en lui seul. Les objets extérieurs ne lui rappelaient rien de son passé, et ne se liaient pour lui à aucun des coupables ou sinistres épisodes qui se dressaient dans sa mémoire pour le désoler ou pour l'accuser. C'est là une condition douloureuse des vieillesses qui terminent les existences criminelles ou agitées, que ce qui charme ou console les autres vieillards, devienne un supplice et un tourment. Tout ce que l'on a vu, tout ce que l'on a aimé dans sa jeunesse, paysages ou horizons, visages ou demeures, importune ou irrite, comme autant de confidens et de témoins d'un passé qu'on voudrait anéantir ; et dans cette dernière période de la vie où l'homme aime à rejeter un regard en arrière et à resserrer ses liens avec cette existence qu'il va quitter, les tristes vieillards dont je parle voudraient, au contraire, s'isoler de tout ce qui n'est pas l'heure présente, et s'entourer d'objets nouveaux, pour s'imaginer que leur vie commence au moment où ils ont cessé d'être coupables ou malheureux.

Le vicomte de Varni eut bientôt un autre motif pour vivre, au Tavelay, dans la retraite la plus absolue. La Révolution, qui ailleurs n'en était encore qu'aux préliminaires et aux préludes, commença, dès 1788, à prendre, dans le Comtat Venaissin, une attitude menaçante et à y présenter d'effrayans symptômes. Là, elle eut un double élément, un double caractère; ce combat de l'esprit nouveau contre l'ancien régime, des idées nouvelles contre le vieux monde, prenait pour passeport et pour mot d'ordre l'adjonction définitive du Comtat à la France. Comme toujours, les projets de destruction, de bouleversement, de spoliation et de meurtre, se cachaient sous une de ces questions qui peuvent donner le change aux esprits généreux. Or, la position particulière de monsieur de Varni ne lui permettait pas de s'associer à la lutte. Par sa naissance, ses antécédens, ses liens de famille, il devait tenir pour l'autorité papale. Mais, dix ans auparavant, ne prévoyant pas les collisions prochaines, fier des témoignages de bienveillance

dont on l'avait comblé à Versailles, heureux d'entrer au service de France et de faire, sous les ordres
du marquis de Bouillé, une partie des campagnes
d'Amérique, il avait demandé et obtenu des lettres
de grande naturalisation. Plus tard, lorsqu'à la suite
de l'affreuse catastrophe de Maleraygues, il avait
cherché à se distraire en conduisant à Paris son fils
Elzéar, l'accueil qu'il avait reçu du jeune roi Louis XVI
et de la reine Marie-Antoinette avait encore ajouté à
sa reconnaissance et à son dévoûment. Il ne pouvait donc plus, sans inconséquence, combattre pour
l'autorité papale, à laquelle il était devenu étranger ;
et, d'un autre côté, il eût rougi de figurer dans le
parti contraire, dont les intentions destructives et
criminelles se trahissaient déjà par d'horribles excès : il attendait donc les évènemens, se résignant à
une inaction temporaire et demandant à la Providence de lui indiquer, dans les luttes imminentes,
une place où il pût chercher la mort en accomplissant un devoir.

Calme et réfléchi chez le vicomte, ce sentiment
d'affection pour la France et pour le roi avait pris,

dans l'âme jeune et pure d'Elzéar, un caractère plus
enthousiaste. Bien qu'Elzéar ne fût âgé que de seize
ans lorsqu'une mort tragique et soudaine lui avait
enlevé, sous ses yeux, sa mère et sa sœur Clémentine, il avait profondément ressenti ce coup terrible.
Mais les douleurs violentes que l'on éprouve à cet
âge ne désolent pas l'âme ; elles la disposent aux
grandes et nobles émotions ; elles la mûrissent pour
les épreuves difficiles et les dévoûmens sublimes.
Lorsqu'Elzéar, deux ans après, dans toute l'ardeur
de sa jeunesse mélancolique et charmante, se
trouva transporté à Trianon et à Versailles, le spectacle des vertus du roi, des grâces enchanteresses de
la reine, avait produit sur lui une de ces impressions
solennelles, ineffaçables, qui datent dans une vie et
décident d'une destinée. Beau, spirituel, aimable,
allié à plusieurs familles appartenant à ce qu'on appelait alors la noblesse de cour, Elzéar eut des succès
dans cette société choisie à laquelle présidait la reine,
et qui préludait, par quelques années d'élégans plaisirs et de récréations exquises, aux orages et aux angoisses qui suivirent. Dès ce moment, il avait voué à
ce monde qui lui accordait un de ses derniers sou-

rires, à ce roi dont chaque jour cachait ou révélait un bienfait, une belle action, un trait généreux, à cette reine surtout qui lui apparut comme l'idéal de la beauté, de la grandeur et de la grâce, une reconnaissance ardente, une affection respectueuse et passionnée qui appelait les dévoûmens, les sacrifices et les périls. Il y a, pour les âmes délicates, d'innombrables manières d'aimer, qui toutes se rapprochent ou s'éloignent par des gradations et des nuances insaisissables au vulgaire, comprises seulement par les cœurs d'élite. Le jeune homme de haute naissance, préparé par son éducation, par l'élégance de ses instincts, à être vivement ému par tout ce qui est beau, élevé, majestueux, charmant, ne ressent pas, à coup sûr, lorsqu'il s'incline devant une jeune et belle reine, le même genre d'affection que lorsqu'il salue un roi podagre et sexagénaire. Empêchera-t-il son cœur de tressaillir, son regard de lancer un éclair à demi-voilé par le respect? Non ; mais dans ce tressaillement et dans ce regard tout sera pur comme son âme, noble comme l'objet de son culte; et si, plus tard, s'emparant d'un geste, d'une parole, d'un échange de familiarités bienveillantes et d'empressemens chevaleresques, l'esprit de parti défigure ce sentiment, la honte n'en sera pas pour celui qui l'éprouva ou pour celle qui sut l'inspirer ; elle sera tout entière pour les calomniateurs qui essaient de souiller le manteau de la reine et le linceul de la martyre, pour les méchans qui recueillent la calomnie, et pour les historiens qui l'accréditent !

Ce fut avec ces images toutes vivantes dans le cœur, qu'Elzéar de Varni revint en Provence et épousa Adrienne de Flassan. Par une rencontre heureuse et trop rare, il trouva dans sa jeune femme un écho fidèle de ses pensées les plus chères et les plus intimes. Fille d'un officier des gardes-françaises blessé à Fontenoy, et d'une mère née dans cette sainte et sublime Vendée qui allait bientôt payer à la royauté légitime sa dette d'héroïsme et de sang, Adrienne n'avait eu qu'à écouter et à regarder autour d'elle pour concevoir, dans toute son idéalité politique, cet attachement au roi qu'on ne séparait pas autrefois de l'attachement au pays. Lorsqu'elle le retrouva dans l'âme d'Elzéar, elle se sentit heureuse et fière de le partager et d'en faire, pour ainsi dire, le couronnement grandiose de leur mutuelle tendresse. Peut-être encore, avec cette finesse dont s'arment les femmes même les plus naïves, lorsque leur cœur est intéressé, Adrienne devina-t-elle qu'une majestueuse image, une figure vaguement et saintement adorée, occupait une place dans les souvenirs de son mari. Au lieu de s'en effrayer ou de s'en plaindre, elle s'en réjouit, certaine qu'un sentiment pareil dans un cœur aussi pur que celui d'Elzéar, au lieu d'affaiblir son amour pour elle, lui donnerait encore plus d'exaltation et de grandeur. L'homme est une créature si faible et si misérable, que ses affections, même les plus puissantes, sont sujettes à se relâcher et à s'amoindrir si elles sont uniquement livrées à elles-mêmes et à leurs seules forces : pour durer et pour vivre, elles ont besoin de se rattacher à une idée, à un intérêt, à un sentiment commun qui ait à la fois le privilége de les alimenter et de les distraire. Pourquoi l'affection conjugale, malgré tant de chances défavorables, conserve-t-elle, dans les cœurs les moins sympathiques, des racines vivaces, profondes, qu'on est tout surpris de retrouver, même après les déchiremens et les orages? C'est grâce à cette communauté d'intérêts, d'avenir, de projets, terrain neutre et mitoyen dont le cœur s'empare, pour suppléer à ce qui lui manque dans le sein même d'une affection froide, orageuse ou incomplète. Eh bien ! ce qui, dans les ménages vulgaires, sert à réparer un bonheur en lambeaux, à raffermir une tendresse défaillante, Adrienne l'employa afin d'agrandir, d'illuminer l'horizon d'une tendresse et d'un bonheur pour lesquels elle ne craignait rien. Ce dévoûment à la cause royale, les noms de Louis XVI et de Marie-Antoinette, devinrent pour les deux époux comme de doux talismans, comme ces bouquets symboliques que les amans prennent pour interprètes, pour emblèmes et pour complices. S'il était permis de comparer les choses grandes aux choses saintes, je dirais que, de même qu'il existe de pieuses unions où les joies de l'amour n'apparaissent jamais qu'avec le caractère grave et auguste que la religion leur donna, de même l'union d'Elzéar et d'Adrienne semblait contractée sous les auspices de ce sentiment royaliste qui se reflétait dans leurs chastes et délicieuses ivresses.

Aussi, lorsque commencèrent à gronder les sourds murmures précurseurs de la Révolution , lorsque les bruits lointain de 88 et de 89 arrivèrent jusqu'au Tavelay, que d'anxiétés et de tristes pressentimens agitèrent les habitans de cette paisible retraite ! Combien de fois, sous l'ombrage de leurs ormeaux, au bord de leur limpide rivière, Elzéar et Adrienne, pressés l'un contre l'autre, comme dans l'attente d'une prochaine tempête, se demandèrent avec angoisse jusqu'où iraient ces rébellions funestes, ces haines furieuses ! Combien de fois, en couvrant de caresses leur petit Raymon, qui ne connaissait encore de la vie que les sourires de sa mère, une larme involontaire tomba tout-à-coup de leurs paupières sur les joues roses de cet enfant ! Larmes d'inquiétude et de douleur, trop bien connues de tous les pères, en temps de révolution !

Telle était la situation de la famille de Varni pendant ces dernières années qui précédèrent l'explosion révolutionnaire. Claude, caché sous son nom d'emprunt de Darnioli, occupait une petite chambre au second étage de la maison , et semblait uniquement absorbé par la gestion de la fortune du vicomte et par la nécessité de lutter contre les difficultés pécuniaires qui abondent, pour les individus comme pour les peuples, au début de toutes les crises politiques. Car il faut rendre cette justice aux révolutions : elles s'arrangent toujours pour diminuer les regrets de ceux dont elles menacent la vie : avant de tuer, elles ruinent.

Au reste, la tranquillité n'avait pas encore été troublée dans les bourgs et les villages qui entouraient le Tavelay : les nouvelles mêmes n'y arrivaient que lentement. C'était en général Dominique Ermel qui, chaque fois que ses affaires ou les troubles d'Avignon lui laissaient quelques momens de répit, venait faire une visite à MM. de Varni, leur apprendre ce qui se passait au dehors, et probablement essayer de démêler les intentions et les projets de Claude, dont l'inaction l'étonnait sans le rassurer.

Malgré ses opinions bien connues, malgré son vieil attachement à l'autorité papale ou plutôt aux grands principes d'ordre, de stabilité et de justice qu'atta-

quaient les révolutionnaires d'Avignon sous prétexte
de travailler pour la domination française, Dominique Ermel n'avait pas encore été inquiété et pouvait
circuler librement dans la ville et hors des remparts.
Il n'est pas sans exemple de voir ainsi quelques hommes privilégiés traverser sans encombre les plus mauvais temps, protégés ou par une vertu ou par un vice,
souvent par l'amour, quelquefois par la crainte. La
nombreuse clientèle de Dominique lui donnait, dans
tous les partis , une grande influence, dont il n'avait
jamais abusé. Sa probité était proverbiale, sa charité immense. Dans toute la *Banasterie*, depuis l'é-
glise de Saint-Pierre jusqu'à celle de la Miséricorde,
il n'y avait pas une maison pauvre qu'Antoinette et
Adeline, sa digne belle-fille, n'eussent visitée bien
des fois, en y apportant du pain, de l'argent, des
nippes, du linge. Pendant l'horrible et désastreux hiver de 89, Dominique acheta du blé sur ses épar-
gnes, et le distribua, à bas prix, aux ouvriers nécessi-
teux; enfin, quelques années auparavant, il avait se-
couru dans un moment de détresse, et par pure gé-
nérosité, un homme nommé Minvielle, destiné à ac-
quérir, pendant la révolution d'Avignon, une triste

célébrité. L'argent qu'il lui avait prêté, et dont il avait d'avance sacrifié mentalement l'intérêt et le capital, lui rapporta plus que la meilleure créance. Car Minvielle, avec cette reconnaissance et cette fidélité dont les bandits donnent quelquefois l'exemple aux honnêtes gens, fit respecter, pendant ces cruelles années, la vie et la famille de Dominique Ermel.

Le 10 juin 1791, par une belle matinée dont les rayons, le calme et l'azur contrastaient avec les tempêtes que soulevaient déjà, de toutes parts, les passions, les misères et les ambitions des hommes, Dominique arriva au Tavelay. Comme il était de trop bonne heure encore pour qu'il demandât à voir les maîtres de la maison, il monta à la petite chambre de Claude. Il le trouva groupant des chiffres, consultant des registres, feuilletant des paperasses, vérifiant des comptes, comme eût pu le faire l'intendant le plus soigneux, le plus économe, le plus scrupuleusement renfermé dans sa spécialité. Le notaire s'assit près de la table sur laquelle écrivait son ancien ami, et lui demanda, pour engager la conversation :

— Comment se porte Jérôme ?

— Bien; c'est un homme à présent! Dans deux mois je le retirerai du collége de Bagnols, où il aura terminé ses études.

— Et vos comptes, mon cher Darnioli, comment vont-ils?

—Médiocrement, répondit Claude; cependant, eu égard aux circonstances, la fortune de M. de Varni est moins entamée qu'on n'aurait pu le craindre : il est vrai que j'y prends la peine! Toujours levé avant le jour, je ne me fais pas à moi-même grâce d'un zéro, ni d'une fraction. Oh! poursuivit-il avec une gravité à travers laquelle on sentait percer l'ironie, je suis un intendant modèle!...

Dominique regarda Claude avec une expression de surprise : celui-ci continua :

— Tenez, mon cher, personne , mieux que vous , n'est à même de constater si je dis vrai ; car vous connaissez jusqu'au plus petit détail de la fortune des Varni. Combien, à l'époque où vous m'avez fait entrer dans la maison, possédaient-ils en fonds de terre ?

— Environ quatre-vingt mille livres de rente.

— C'est juste; aujourd'hui ce revenu est diminué de six mille cinq cents livres, par suite de la dépréciation des propriétés du Comtat; mais nous n'avons pas vendu un pouce de terre; jetez plutôt les yeux sur les baux à ferme.

Dominique consulta du regard les papiers que lui présentait Claude, et, au bout de quelques minutes, il fit un signe d'assentiment. Claude reprit :

— Et combien (toujours à la même époque) possédait la famille de Varni en maisons, meubles, argenterie, bijoux et rentes constituées ?

— A peu près cinq cent mille livres.

— Parfaitement exact; eh bien! d'après l'état estimatif que voici et que j'ai voulu , vu l'incertitude
des temps, faire vérifier par M. le vicomte lui-même,
il résulte que nous possédons , dans ce genre , pour
quatre cent quatre-vingt-six mille livres, le déficit
de quatorze mille livres ayant pareillement pour cause
la diminution de valeur de l'hôtel et des maisons d'A-
vignon.

Le notaire parcourut rapidement l'état estimatif, et
reconnut que Claude disait vrai; celui-ci continua :

— Et les dettes, à quel total s'élevaient-elles?

Dominique fit la grimace :

— Environ à cent mille écus, répondit-il.

— Eh bien! mon ami , il ressort de mon dernier
règlement de comptes, que nous n'en avons plus que
pour cent septante-cinq mille livres; c'est donc une
somme ronde de cent vingt-cinq mille dont nous nous
sommes libérés en cinq ans !

Dominique ne put retenir un cri de surprise :

—Oh ! reprit Claude, j'ai compris qu'en temps de révolution (et croyez-moi, la révolution n'en est encore qu'à ses débuts) il était plus important pour une grande maison comme celle-ci de diminuer le chiffre de ses dettes que d'augmenter l'étendue et le nombre de ses immeubles, parce qu'il vient un moment où les revenus des propriétés manquent à l'appel, et où les intérêts des dettes n'en sont pas moins payables à l'échéance... Voyons, Dominique, vous qui passez à juste titre pour le meilleur notaire du pays, ne me suis-je pas conduit en intendant fidèle, habile... exceptionnel ?

Le Notaire fit un geste affirmatif ; mais en même temps son visage conserva, malgré lui, une telle expression d'étonnement, que Claude fixa à son tour sur lui un regard pénétrant, et lui dit d'un air un peu moqueur :

— Ah çà ! cher ami, est-ce que vous seriez assez *Notaire* pour vous imaginer que, quand je vous ai

demandé de me faire entrer dans la maison de Varni
en qualité d'homme d'affaires, c'était simplement et
bêtement pour ruiner le vicomte?

— Mais je craignais... il me semblait... j'avais
cru...

— Ecoutez-moi, Dominique, interrompit Claude
avec une gravité aussi effrayante que son ironie. Le
jour où, échappé du bagne de Toulon, j'apparus tout-
à-coup devant les yeux de Maria et de Julie, Maria
me dit qu'elle me sauverait ; mais elle me le dit d'un
tel air que je devinai à l'instant qu'un pacte de vengeance allait se former entre nous ; je lui proposai de
tuer le vicomte : savez-vous ce qu'elle me répondit :

— J'écoute, reprit le Notaire frissonnant déjà.

— Elle me répondit qu'il fallait que ma haine fût
bien débonnaire pour se contenter de si peu ; que la
mort *pure et simple* de monsieur de Varni n'était
rien en comparaison de la vengeance qu'elle avait

rêvée, et dont elle nous a plus tard confié l'exécution...

—Eh bien ?

—Eh bien ! cette scène, éternellement gravée dans mon souvenir, a été le mobile de toute ma conduite à l'égard de ce vicomte abhorré. Guidé par le génie de Maria, j'ai compris que, partout et toujours, j'avais à ma portée deux vengeances : l'une, simple, niaise, sautant aux yeux, pour ainsi dire, et par conséquent indigne de Maria et de moi ; l'autre, savante, raffinée, marchant par une route moins directe, mais pour atteindre un but mille fois plus grand... Commencez-vous à comprendre ?

—Oui, murmura Dominique.

—Qu'était-ce, je vous le demande, reprit Claude, qu'était-ce que la perte de quelques centaines de mille livres pour un homme tel que monsieur de Varni, qui, depuis soixante-sept ans qu'il est au monde, a passé par de si terribles alternatives de joie, de douleur, de crime, de splendeur, d'espérances, de désespoir? Que serait-ce même qu'une ruine complète pour deux êtres tels qu'Adrienne et Elzéar, qui, en dehors de leur amour, n'ont d'émotion et de pensée que pour les malheurs et les périls du roi de France, et qui donneraient avec transport leur dernière obole pour un sourire de Louis XVI, pour un regard de Marie-Antoinette? Un intendant fripon qui ruine son maître! mais cela s'est vu partout; c'est du dernier commun! répétait Claude avec un sourire qui glaçait Dominique d'épouvante.

—D'ailleurs, poursuivit-il, avec le nom et les alliances des Varni, on peut toujours, en temps ordinaire, refaire sa fortune; en temps de révolution, les évènemens peuvent se charger de me suppléer; et il n'est pas d'intendant infidèle qui vaille, en pareille circonstance et pour pareille besogne, Peyre, Lescuyer et Jourdan-Coupe-Tête!... N'est-ce pas, Dominique?

— Jourdan! Lescuyer! s'écria en tressaillant le Notaire, à qui ces noms rappelaient les plus sanguinaires héros de la révolution du Comtat.

— Oui, et dix autres encore que je pourrais vous nommer; car je les connais tous, et je suis en correspondance avec plusieurs. Je n'étais pas installé ici depuis six mois, que les premiers indices révolutionnaires sont venus m'ouvrir un monde nouveau, me tracer la route que j'avais à suivre, et me faire pressentir des vengeances dignes de réjouir l'âme de Maria, si elle veille encore du fond de sa tombe sur notre mission terrible. Dès lors, je n'ai rien négligé pour gagner la confiance, l'affection même de monsieur de Varni. Le zèle infatigable avec lequel j'administre sa fortune, les services que je lui rends, la vie sédentaire à laquelle je me condamne, tout, jusqu'à ma tristesse, m'a conduit si avant dans les bonnes grâces du vicomte, qu'aujourd'hui, Dominique, je crois qu'il hésiterait entre vous et moi! Mais, en même temps, du fond de ma cellule, j'étais au courant de ce qui se passait à Avignon ou ailleurs. Je suivais avec une joie silencieuse, dans ses développemens irrésistibles, cette révolution que l'on respirait dans l'air depuis plus de vingt-cinq ans, et qui bientôt engloutira ceux qui se débattent ou s'endorment au bord de l'abîme... Oh! avec quel bonheur intime et profond, tout en paraissant plongé dans mes additions et mes baux à ferme, je calculais, jour par jour, les progrès de ce flot redoutable qui s'arrête encore à la porte de cette maison, mais qui y entrera à mon premier signe, à mon premier geste !...

—Dieu ! que dites-vous? s'écria le Notaire de plus en plus épouvanté.

—Je dis que la franc-maçonnerie révolutionnaire m'a accueilli parmi ses adeptes ; que Lescuyer et Jourdan m'appellent leur ami ; et que, le jour où je voudrai, leurs bandes seront ici, prêtes à égorger tous ceux que ma main leur indiquera. Tout ce qui se passe là-bas, je le sais... En voulez-vous une preuve? Voulez-vous que je vous dise pourquoi vous êtes venu ce matin au Tavelay? Vous êtes venu pour apprendre au vicomte qu'à la suite du décret de l'Assemblée nationale, trois médiateurs français ont été envoyés à Avignon, mais qu'ils se sont arrêtés à Orange, et qu'infidèles à leur mission conciliatrice, ils attendent, au milieu des plaisirs et des fêtes, que

les deux partis ennemis aient achevé de s'entre-dé-
chirer pour que l'adjonction du Comtat à la France
soit plus facile et plus prompte.

— C'est vrai, dit Dominique Ermel.

— Il va donc y avoir incessamment de nouveaux
troubles, de nouveaux massacres ; et, si je le veux,
à la faveur de ces massacres et de ces troubles, dix,
vingt, trente des hommes de Jourdan passeront le
Rhône, et, dans trois heures, ils seront ici... Tenez,
Dominique, voyez-vous cette vieille tour en ruines
sur ce mamelon grisâtre qu'on aperçoit de ma fenêtre ?

En même temps, Claude montrait au notaire le
vieux château de Bord, qui, perché sur une colline
à laquelle il donne l'air d'un sein de femme couchée,
domine tout le reste du paysage ; puis il ajouta :

— Je n'aurais qu'à me promener, ce soir, jusqu'à
ce château, sous prétexte de surveiller nos vignerons,
et à y planter, à travers les pierres disjointes, un

piquet surmonté d'un mouchoir rouge... demain les hommes dont je parle seraient au Tavelay.

— Et... qu'attendez-vous? demanda timidement Dominique après un moment de silence.

— J'attends... j'hésite, parce qu'il me semble encore que cesera là une vengeance bien médiocre, bien vulgaire... Il me semble que la Révolution, dans ses épisodes divers, bizarres, imprévus, doit me fournir quelque chose de plus complet, qui frappe plus juste, qui atteigne plus profondément ces trois âmes... Moi aussi, je dis à mon tour : Tuer le vicomte, tuer son fils et sa belle-fille ce n'est pas assez. M. de Varni a trop souffert pour tenir à la vie ; Elzéar et Adrienne ont le cœur trop noble pour craindre la mort. D'ailleurs, ils ne subiraient là que le sort commun, le sort que la Révolution a déjà fait à plusieurs, qu'elle fera à un plus grand nombre... Non, décidément, cela ne me contente pas ; je cherche... je voudrais quelque chose de mieux...

En ce moment, la porte de la chambre s'ouvrit et M. de Varni entra.

Il ne semblait plus le même homme ; sa taille, voûtée par l'âge et par les chagrins, s'était redressée ; on ne lui eût pas donné plus de cinquante ans, tant il y avait de feu dans son regard et d'énergie dans son attitude ; il tenait à la main une lettre, qu'il montra à Dominique et à Claude, en leur disant avec une exaltation extraordinaire :

— Mes amis, je viens de recevoir le plus grand honneur qui ait jamais été accordé à ma maison !

Le notaire et l'intendant s'étaient levés : ils attendaient respectueusement que M. de Varni continuât.

— Oui, reprit-il en cherchant à se remettre de son émotion ; voici la lettre qu'on m'écrit ; aussi bien, il faut que vous en preniez connaissance, car je vous destine une place à mes côtés.

Et il leur lut la lettre suivante, qui lui était adressée par le marquis de Bouillé (1) :

(1) Avons-nous besoin d'avertir que cette lettre est de pure invention ?

M. de Bouillé était trop sage, trop habile, pour faire

« Metz, 2 juin 1791.

» Je ne vous oublie pas, monsieur le vicomte, et je vais vous en donner la preuve en vous révélant un secret, en vous associant à un projet d'où dépend le salut de la famille royale et probablement l'avenir de la France. Vous avez sans doute compris déjà, par les nouvelles que vous recevez de Paris, que le roi, entouré d'ennemis, retenu de force aux Tuileries où l'a conduit une populace ameutée, privé peu à peu de tout moyen de faire le bien et d'empêcher le mal, se regarde comme captif et aspire, dans l'intérêt de sa dignité, de sa vie peut-être, à sortir de cette odieuse situation. Depuis plusieurs mois, on

faire deux cents lieues, par les voies ordinaires, à une lettre renfermant tous ces détails, lui qui avait poussé les précautions jusqu'à annoncer un bal pour le jour même où le roi devait passer à Varennes. Si l'auteur a cru pouvoir se permettre cette invraisemblance, c'est seulement pour amener la dramatique épisode de Varennes, dans lequel il a essayé, sinon de lutter d'exactitude avec les historiens ou les mémoires du temps, au moins de rester fidèle au sens historique des événemens.

s'est occupé activement et secrètement des mesures nécessaires pour l'arracher, lui et les siens , à cette espèce de captivité, et pour protéger son départ et sa fuite. C'est M. de F..., colonel de *Royal-Suédois,* qui s'est chargé d'organiser le départ de Paris, et c'est moi qui dois veiller sur le périlleux trajet de Châlons à Montmédy. Je ne vous donne ici que les détails strictement nécessaires. Le roi quittera Paris dans la nuit du 20 au 21 juin , avec un passeport qu'on s'est procuré par l'entremise de la baronne de Korff et dans une voiture *faite exprès.* Dieu protégera , j'espère, cette sortie nocturne des Tuileries, pour laquelle je tremble ; une fois sur la grande route, il me semble que les dangers seront moindres. Il est bon que vous soyez instruit de mes principales combinaisons ; une première voiture renfermera le roi, la reine, madame Élisabeth, M. le dauphin, madame la dauphine et madame de Tourzel ; deux dames de service suivront dans une voiture plus légère. D'après mes calculs, ces deux voitures doivent arriver, le 21, vers onze heures du matin, à Pont-de-Somme-Vesle. Jusque-là, l'avance qu'auront les augustes fugitifs, qui voyageront une partie de la nuit et risqueront peu d'être reconnus, suffit pour rendre inutile et par conséquent dangereux tout déploiement de forces. Mais, à dater de ce relai de Pont-de-Somme-Vesle jusqu'à Varennes, je me suis arrangé pour que des troupes, échelonnées aussi habilement que j'ai pu, protégeassent constamment les voitures royales. Maintenant, monsieur le vicomte, voici ce qui vous concerne. Outre ces troupes qui, à peu d'exceptions près, ne sauront pas dans quel but elles auront reçu ordre d'exécuter ces mouvemens, et qui, aux yeux des habitans, seront censées attendre un convoi d'argent envoyé à la frontière, j'ai besoin de quelques hommes sûrs, dévoués, d'une intrépidité à toute épreuve, qui s'éparpillent sur les points principaux où passera le roi, et se replient ensuite de relai en relai, jusqu'à sa destination. Il est convenu que MM. de M... et de V..., qui accompagnent les voitures, s'arrêteront à Châlons. Ces messieurs peuvent avoir été surveillés; leur signalement peut être envoyé de Paris: leurs chevaux, qui auront galopé depuis minuit, seront trop fatigués pour continuer la route... Enfin, ils ont été en garnison à Châlons, et on pourrait les reconnaître. Ils n'iront

donc pas plus loin, et il faudra qu'au petit relai de
Pont-de-Somme-Vesle deux hommes les remplacent
et se replient, en suivant la voiture, jusqu'à Sainte-
Ménehould.

» Là, j'ai besoin encore de deux hommes sûrs ;
car les dangers, s'il y en a, augmenteront néces-
sairement à mesure qu'on approchera du terme du
voyage ; de ces deux hommes, l'un montera derrière
la voiture du roi, l'autre derrière la voiture des dames Brunier et de Neuville, les dames de service ; ils
seront prêts à défendre, au prix de leur vie, les
personnes royales, et, si quelque obstacle se présentait tout-à-coup soit à Sainte-Ménehould, soit à
Varennes, à se jeter sur deux des chevaux d'escorte,
et à venir, ventre à terre, me trouver à Stenay, où
je me tiendrai avec le régiment de *Royal-Allemand*,
qui sera disposé à partir au premier signal.

» Ces quatre hommes qui me sont nécessaires, et
qui doivent s'entendre et agir comme un seul, c'est
à vous, Monsieur le vicomte, que je m'adresse pour
les avoir. S'il s'agissait d'une fête à Versailles,

je trouverais sans peine ce qu'il me faut. Mais des cœurs qui sachent allier le dévoûment à l'adresse, le sang-froid à la bravoure, ceux-là sont plus rares, et c'est pour cela que je me suis souvenu de vous; car je ne puis oublier le courage et le froid mépris du péril que je vous ai vu déployer à la prise de Saint-Christophe et à celle de Montserrat, où vous m'avez sauvé la vie.

» D'ailleurs, eussé-je hésité, mon choix aurait été déterminé par une volonté plus auguste et plus précieuse que la mienne. La Reine a désiré que si j'avais, dans cette circonstance, à disposer d'un rôle périlleux et honorable pour le service du Roi, ce rôle vous fût donné, à vous et à votre aimable fils. Une pareille préférence est un ordre, et vous auriez droit de ne me pardonner jamais si je vous avais laissé ignorer cette inappréciable distinction.

» Il faudra seulement, Monsieur le vicomte, qu'à votre tour vous choisissiez, parmi les personnes dont vous pouvez répondre comme de vous-même, deux compagnons d'honneur et de péril, à qui vous

confierez cet important secret, et que vous pren-
drez avec vous dans cette expédition.

» Vous partirez donc tous les quatre, vous, monsieur votre fils et les deux inconnus dont le choix
vous appartient, aussitôt que vous aurez reçu cette
lettre et fait vos préparatifs. Vous partirez à cheval,
et je n'ai pas besoin de vous recommander de monter
vos meilleurs chevaux. Vous marcherez ensemble
jusqu'à Troyes. Là, vous trouverez, rue Planche-
Porte, un magasin de fripier, sur lequel vous lirez ce
simple nom : *Auguste.* Vous entrerez, et vous direz
ces deux mots : *Espoir, Montmédy* ; on vous remet-
tra les costumes que vous devrez porter ; ensuite
vous vous séparerez : deux d'entre vous iront attendre à Pont-de-Somme-Vesle ; les deux autres iront
attendre à Sainte-Ménehould. Il faudra vous y trouver le 20 au soir, pour que vos chevaux se reposent,
et pour que vous ne puissiez, en aucun cas, être pris
au dépourvu.

» Ainsi que je vous l'explique, les deux premiers
suivront les voitures, à cheval, de Pont-de-Somme-

Vesle à Sainte-Ménehould, et de là, tous les quatre jusqu'à Varennes, deux à cheval, deux derrière les voitures.

» Voilà, Monsieur le vicomte, le service immense que j'attends de vous. Je n'ajoute pas une recommandation ; le plan que je vous confie les renferme ; ajouter un mot, ce serait douter de vous, et si je doutais de vous, je ne vous écrirais pas. Si nous réussissons dans cette entreprise, Dieu et le Roi nous en tiendront compte ; si nous périssons... la mort, en temps de révolution, n'est redoutable que pour celui qui ne sait pas la subir en accomplissant son devoir.

» Adieu donc, et à bientôt, j'espère ! Courage, *Espérance et Montmédy !*

» Marquis DE BOUILLÉ. »

Monsieur de Varni se tut un moment, après avoir lu cette lettre, puis il la porta à ses lèvres avec une sorte d'extase. En même temps, Claude lui dit :

—Monsieur le vicomte, si vous avez songé à moi, je vous remercie et je suis prêt à vous suivre.

—Bien, Darnioli, je n'attendais pas moins de vous... Et vous, Dominique?

Le notaire était pâle, non pas qu'il craignît le danger pour lui-même; mais il frissonnait d'épouvante en voyant Claude maître du secret et engagé dans l'entreprise. Claude le regardait avec un air de triomphe qui, pour Dominique, avait un sens terrible.

—Eh bien! reprit plus vivement le vicomte, hésiteriez-vous? auriez-vous peur? Vous à qui j'ai toujours connu tant de droiture et de cœur, refuseriez-vous de vous associer au plus beau moment de ma vie?

Dominique baissa la tête et murmura : « Je suis à vos ordres, Monsieur le vicomte! deux minutes pour écrire à ma femme et à mon fils que je serai absent pendant quelques jours... et, moi aussi je suis prêt à vous suivre! »

—A la bonne heure ! s'écria monsieur de Varni ;
vous lire cette lettre, c'était déjà vous désigner tous
deux... Oh ! cette lettre ! cette lettre ! ajouta-t-il avec
une exaltation croissante. Si vous saviez ce qu'elle
est pour moi ! Si vous saviez ce que c'est, pour un
vieillard que poursuivent de cruelles pensées, et qui,
désirant tout bas la mort, ne craint que de mourir
inutile, si vous saviez ce que c'est que de voir tout-
à-coup devant soi un but, une tâche, la plus noble,
la plus belle de toutes !... Ah ! pour moi c'est encore
mieux que cela !... Oui, continua le vicomte en-
traîné par une émotion irrésistible... Oui, il y a dans
ma vie des secrets affreux, des pages terribles ; j'a-
vais beau faire ; il me semblait que mon passé se dres-
serait toujours entre Dieu et moi, comme mon accusateur, mon juge, mon bourreau... Ces coups qui
m'ont frappé, cette horrible mort d'Edwige, de Clémentine, de l'infortunée Stéphanie, je croyais que
c'étaient autant de preuves que Dieu ne me pardon-
nait point ! Mais maintenant, maintenant que le plus
courageux des hommes m'associe à une pareille entreprise, maintenant que je vais concourir au salut
de mon Roi, de ma souveraine, et goûter peut-être

l'ineffable bonheur de donner ma vie pour les sauver... Oh ! je le sens, mon âme est délivrée du fardeau qui l'oppressait... Je reconnais avec délices que
les prières d'Edwige et de Clémentine, qui veillent
sur moi dans les cieux, ont été plus puissantes que
mes iniquités... et je vous remercie, ô mon Dieu !
car, pour la première fois depuis long-temps, je me
sens calme, heureux, pardonné !

Chacune de ces paroles enthousiastes entrait,
comme la lame d'un stylet, dans le cœur de Dominique. Involontairement, il leva les yeux sur Claude ;
celui-ci avait composé son visage avec une dissimu-
lation incroyable, et l'on ne pouvait y lire qu'une admiration sympathique pour ce qu'il venait d'entendre. Mais l'œil de Dominique, qui pénétrait sous ce
masque, crut démêler dans son regard et sur ses lèvres l'expression d'une joie infernale.

— Et monsieur Elzéar, dit le notaire pour cacher
son trouble, n'éprouve-t-il pas quelque peine à quitter, peut-être pour ne plus les revoir, sa femme et
son enfant ?

—Elzéar ! s'écria monsieur de Varni avec un indicible accent de joie et de fierté ; Elzéar ! venez le
voir, il vous répondra pour moi.

Ils descendirent dans le jardin, où ils trouvèrent
Elzéar et Adrienne. Nous renonçons à peindre le
sentiment qui se réflétait sur les traits des deux
époux. Chez le jeune vicomte, c'était une joie pure,
ennoblie par l'héroïsme le plus chevaleresque, le plus
passionné. Chez Adrienne, c'était un mélange de
bonheur, d'orgueil, de trouble, d'amour, que rien ne
saurait exprimer.

Toute la journée se passa en préparatifs : il fut
convenu que le départ aurait lieu à neuf heures du
soir, afin d'épargner aux chevaux la chaleur d'un
jour d'été et de pouvoir parcourir de nuit les pays
où monsieur de Varni et ses compagnons auraient pu
être reconnus. On examina les chevaux et on choisit
les quatre meilleurs avec une attention scrupuleuse.
Monsieur de Varni et son fils prirent pour eux deux
jumens arabes qu'ils avaient fait venir à grands frais,
et qui étaient incomparables pour la sûreté et la vi-

tesse ; l'une se nommait *Fatime*, l'autre *Zulma*. Les selles, brides, étriers, pistolets d'arçon, furent aussi l'objet de l'examen le plus minutieux ; on eût dit que, dans chaque détail de leur équipement, ils plaçaient une chance de salut pour ceux qu'ils allaient secourir : de temps à autre seulement, Elzéar s'échappait pour couvrir de baisers son petit Raymon ou pour presser Adrienne sur son cœur ; ni elle, ni lui, ne versaient une larme.

Le soir arriva ; à neuf heures, les quatre chevaux furent amenés devant la porte d'entrée : la nuit était tiède et paisible, mais sans étoiles ; les domestiques de la maison, vieux serviteurs pour la plupart, avaient allumé des torches qui éclairaient cette scène d'adieu. Sans savoir ce dont il s'agissait, ils se doutaient que leurs maîtres allaient affronter un péril ; tous avaient la tête découverte, et leurs fronts chauves prenaient, à la lueur des torches, des teintes de cire et de parchemin. Adrienne était debout, sur la première marche du perron, tenant Raymon dans ses bras et l'élevant à la hauteur de sa tête. En ce moment même, l'horloge sonna neuf heures. Elzéar effleura rapidement de ses lèvres les deux visages bien-aimés et monta le premier à cheval. Le vicomte baisa la main d'Adrienne, et lui dit d'un air de dignité affectueuse : « Ma fille, priez pour nous ! » Puis, montant sur *Zulma* avec une agilité de jeune homme, il se plaça côte à côte avec son fils. Claude et Dominique enfourchèrent deux beaux normands qui leur avaient été destinés, et formèrent le second rang de cette petite cavalcade.

Lorsque tous quatre furent en selle, Elzéar jeta sur sa femme et sur son enfant un dernier regard.

—Ma chère Adrienne ! murmura-t-il, vous n'avez plus rien à me dire ?

—Vive le Roi ! s'écria la jeune femme.

—Vive le Roi ! s'écrièrent les cavaliers et les serviteurs.

—Vive le Roi ! répéta Raymon de sa douce voix d'ange, en agitant ses petites mains.

Quelques minutes après, les quatre hommes étaient partis, la porte du Tavelay refermée, et Adrienne, dans sa chambre, à genoux devant son prie-Dieu.

# LE DRAME.

# IV.

Nos quatre voyageurs arrivèrent jusqu'à Troyes sans encombre ni incident notable. Les pays qu'ils traversaient offraient cet aspect d'inquiétude morne, de vague agitation, qui précède les grandes crises et les grandes ivresses révolutionnaires. Car on peut remarquer que les révolutions ne s'associent jamais, chez les peuples, à un état de sérénité et de joie paisible. Quand elles ne les grisent pas, elles les attristent. Quand elles ne les exaltent pas jusqu'au délire et au crime, elles les jettent dans une sorte de malaise qui sert de prélude à la fièvre. Il y a dans ces immenses bouleversemens quelque chose de si calamiteux et de si funeste, que les nations en gardent à leur insu l'instinct douloureux, et qu'elles ne peuvent se réjouir qu'en s'en enivrant. Le fond des révolutions, c'est la tristesse ; et cette tristesse révolutionnaire est si puissante, si irrésistible, qu'elle a créé, même pour nos temps de paix et de prospérité apparente, la mélancolie moderne, Muse plaintive de notre siècle. C'est que les révolutions ouvrent violemment le cœur des peuples, comme les volcans ouvrent le flanc des montagnes ; et, lorsqu'il n'en sort pas ces jets de flamme dévorante qui éblouissent et consument, le regard plongeant à travers leur cratère, y découvre d'effrayans abîmes et des profondeurs sinistres.

Arrivés à Troyes, monsieur de Varni et ses compagnons, conformément aux instructions du marquis de Bouillé, se dirigèrent rue Planche-Porte. C'était alors une rue tortueuse, étroite, à demi cachée dans

un vaste pâté de maisons, et très habilement choisie
pour qu'on pût y aller ou en venir sans éveiller les
soupçons ou la curiosité : presqu'à l'angle de la rue
des Lavandiers, ils aperçurent, au dessus d'une boutique de très humble apparence, un écriteau à peine
lisible, et portant le nom indiqué : *Auguste*. L'unique individu qu'ils trouvèrent dans le magasin avait
les yeux cachés sous de grosses bésicles, et la tête en-
fouie sous une énorme perruque, surmontée d'un
grossier bonnet de tricot. Il était difficile de deviner
sa taille ou son âge, sous l'espèce de souquenille
brune qui le couvrait en entier, et qui semblait un
échantillon de son magasin de friperies. Il jeta sur
les arrivans un regard dont le verre bleu des bésicles
ne pouvait entièrement dissimuler l'éclat, et leur dit
d'un ton brusque :

—Qui êtes-vous? Que voulez-vous?

—Espoir, Montmédy, répliqua monsieur de Varni
à demi-voix.

Sans mot dire, le fripier les conduisit dans l'arrière-boutique ; il présenta à monsieur de Varni et à Elzéar deux habits pareils, de couleur jaune, doublés de bleu, coupés en forme de veste de chasse et garnis de boutons de métal. Des culottes de peau de daim et des bottes complétaient ce costume, qui était, sauf quelques détails, celui des courriers du prince de Conti.

Le vicomte et Elzéar revêtirent ces deux habits ; ensuite le silencieux fripier apporta à Dominique et à Claude deux costumes bourgeois, de couleur sombre, pouvant appartenir à des intendans ou à des valets de chambre de bonne maison : de grandes bottes de voyage, à l'écuyère, passées sur les culottes et les bas noirs, et pouvant se mettre ou se retirer à volonté, devaient être ôtées ou reprises par les deux hommes, suivant qu'ils auraient à faire la route à cheval ou à monter derrière les voitures.

Le travestissement de nos quatre voyageurs s'accomplit aussi silencieusement que tout le reste. Quand cette opération fut terminée, le fripier fixa de nouveau un regard pénétrant sur monsieur de Varni.

Puis, par un mouvement rapide, ôtant bonnet, perruque, bésicles et souquenille, il apparut aux yeux du
vicomte dans toute la grâce de sa taille élégante et de
sa figure chevaleresque.

—Quoi ! s'écria monsieur de Varni en tressaillant,
le comte de Vaudreuil ici !... Mais, au fait, reprit-il,
je ne dois plus, je ne puis plus m'étonner de rien.

—Oui, répondit monsieur de Vaudreuil avec un
sourire mélancolique, c'est bien moi ! Il y a sept ans,
vous m'avez rencontré à Versailles, à Trianon, em-
porté dans le tourbillon brillant de ces plaisirs, de ces
fêtes dont nous n'avions pas prévu le dénoûment
sombre et terrible... Vous me retrouvez dans une
boutique de fripier, essayant à des hommes déguisés
comme moi, et associés à la même entreprise, les
costumes qu'ils doivent porter pour contribuer au
salut de ce Roi, de cette Reine, augustes fugitifs qui
nous paraissaient placés, par notre culte et par leur
grandeur, au-dessus de tous les périls, de toutes les
atteintes ! Aujourd'hui, notre espoir le plus beau, le
plus éminent service que nous puissions rendre à

cette Reine et à ce Roi, ce n'est plus de verser notre sang pour enrichir d'une victoire leur riche couronne !... c'est de nous habiller en courriers pour les aider à sortir clandestinement de ce pays qui les entourait autrefois de tant de respect et d'amour !... Ah ! monsieur le Vicomte ! la noblesse de France a joué en aveugle au bord de l'abîme qui se creusait sous ses pieds. Puisse-t-elle s'y engloutir tout entière, plutôt que d'y voir tomber le plus saint des Rois, la plus adorable des Reines !

—Ma vie, celle de mon fils, celle de ces braves amis, appartiennent à Leurs Majestés, répondit le vicomte de Varni dont le regard s'anima d'un feu soudain.

—Je le sais, et je vous en remercie... Ce n'est pas trop de leur dévoûment et du vôtre pour concourir à cette œuvre sacrée. Moi aussi j'ai voulu y avoir mon humble place ; car tous, entendez-vous bien ? tous nous sommes pour quelque chose dans les malheurs et les périls de la famille royale. Nous avons fermé l'oreille aux bruits sinistres ; au lieu d'avertir en amis dévoués, nous avons amusé en courtisans frivoles ; nous avons fait à notre belle souveraine une atmosphère de plaisir, d'étourdissements et de fêtes, où n'arrivait que le murmure de nos hommages et le parfum de notre encens. Si d'infâmes calomniateurs ont osé ternir cette auguste renommée, s'attaquer à cette triple dignité de reine, d'épouse et de mère... oh! Monsieur le vicomte, courbons la tête, c'est que nous avons donné aux malveillans le droit de juger de ses vertus d'après nos travers, et de mesurer sa grandeur à notre coupable futilité! Oui, vous dites vrai; que chacun de nous donne sa vie pour cette reine! C'est plus qu'un honneur et un devoir; c'est une réparation...

—Monsieur de Vaudreuil, interrompit Elzéar, c'est la tâche la plus belle, la joie la plus sainte qu'ait pu m'accorder la bonté de Dieu !

—Bien, jeune homme ! reprit monsieur de Vaudreuil en regardant avec complaisance ce noble visage où respirait un enthousiasme indicible. Vous jurez donc de persévérer dans votre œuvre, dussiez-vous rencontrer des obstacles et des périls ?

—Je jure de verser tout mon sang, puis de le recueillir goutte par goutte, et de le verser encore; je jure de mourir, et, par un miracle de dévoûment, de me reprendre à la vie et de la donner une seconde fois pour épargner une douleur, un danger, une larme, à ce saint Roi, à cette Reine adorée !

En prononçant ces paroles, Elzéar mit un genou en terre. Fier du langage de son fils, M. de Varni regarda le comte de Vaudreuil, qui, tendant la main à Elzéar et le pressant sur sa poitrine, lui dit avec une émotion profonde :

— Ah! je savais bien que Leurs Majestés ne pouvaient trouver de plus brave, de plus dévoué, de plus héroïque défenseur!

Derrière eux, dans la pénombre de l'arrière-boutique, on eût pu voir sur le pâle visage de Dominique Ermel la trace d'une horrible angoisse, sur la sombre

figure de Claude l'expression d'une effrayante ironie.

— Et maintenant, reprit M. de Vaudreuil après
un instant de silence, quittons-nous, et oublions que
nous nous sommes rencontrés ici. C'est aujourd'hui
le 19 juin : si tout va bien, si Dieu nous vient en
aide, je vous donne rendez-vous pour le 22, à Montmédy... Adieu donc, espoir et courage!

En même temps , M. de Vaudreuil reprit, pièce à
pièce, son déguisement de fripier; et, quelques minutes après, M. de Varni, Elzéar, Dominique et
Claude sortaient de cette singulière boutique.

A quelques lieues de Troyes, ils se séparèrent. Le
vicomte et son fils prirent le chemin de Châlons-sur-
Marne. Dominique et Claude se dirigèrent vers Sainte-Ménehould; nous allons les y suivre.

Leur marche fut silencieuse et rapide; certes, quiconque eût rencontré sur cette route ces deux hommes du même âge, vêtus de même façon , et trottant

côté à côte sur des chevaux de même taille et de même robe, ne se serait pas douté des abîmes qui séparaient ces deux hommes, des sourdes tempêtes qui s'élevaient incessamment dans leurs cœurs.

Lorsqu'ils ne furent plus qu'à une petite distance de Sainte-Ménehould, Dominique Ermel se plaça en travers sur la route, et arrêtant par la bride le cheval de Claude :

— Avant d'entrer, deux mots, dit-il à son compagnon.

— Quatre, répondit Claude froidement.

— Croyez-vous que je vous laisserai faire ?

— Faire quoi?

— Trahir ceux que vous êtes chargés de défendre ; continuer votre exécrable et criminelle vengeance, frapper M. de Varni et son fils, non plus seulement en les atteignant dans leur existence, dans leur bon-

heur, dans leur famille ; mais en livrant, en dénon-
çant ces personnes royales au salut desquelles ils se
sont voués... C'est là ce que vous voulez, n'est-ce
pas?

Claude le regarda fixement, fit un imperceptible
mouvement d'épaules, et lui dit avec le même sang-
froid :

— Eh bien! après?

— Après... j'ai à vous dire qu'ici notre complicité
cesse; qu'ici il ne s'agit plus d'une femme à venger
d'un homme à punir, mais d'une royauté à sauver
ou à perdre, d'une noble tâche à seconder ou à détruire, des destinées de tout un peuple à bouleverser
pour la satisfaction de notre haine... Non, non,
Claude, ceci est trop gros jeu pour nous, et je me
regarde, pour cette fois, comme délié de mon serment...

— Qui vous parle de votre serment? Je ne vous
demande rien ; j'agirai seul...

— Oui, si je vous laisse agir, reprit résolument Dominique en tirant un pistolet de dessous sa veste ; mais, écoutez-moi bien, Claude : nous voici au 20 juin ; il est six heures du soir ; nous allons entrer dans une ville où le roi passera demain matin. D'ici là, nous n'avons qu'à attendre et à nous taire. Eh bien ! d'ici là, je ne vous quitterai pas plus que votre ombre ; et, si vous dites un mot, si vous faites un geste, si vous poussez un cri qui puisse nous trahir, je vous brûle la cervelle.

— Très bien ! répondit Claude de ce même air ironique qui donnait à son visage une expression sinistre ; avec vous, du moins, on sait à quoi s'en tenir.

Un quart d'heure après ils entraient à Sainte-Ménehould.

Ils se logèrent dans une modeste auberge, et, suivant leurs instructions, se donnèrent pour des domestiques de la baronne de Korff, ayant pris les devants pour faire préparer le relais destiné à conduire leur maîtresse. Lorsqu'ils eurent mis leurs chevaux à

l'écurie et veillé à ce qu'ils ne manquassent de rien,
Dominique, pour plus de précaution, dit à l'auber-
giste que son compagnon et lui, afin de faire moins
de dépense, logeraient dans la même chambre. Ensuite, il prit le bras de Claude, bien sûr qu'il n'avait
pu encore échanger un mot avec personne, et bien
décidé à ne pas le quitter une minute.

Il était sept heures du soir ; le soleil allait se coucher ; la soirée était magnifique. Claude et Dominique parcoururent la ville, profitant de la dernière
heure du jour pour se faire une idée exacte des loca-
lités ; Claude était sombre et taciturne, mais calme ;
rien, dans son attitude et ses manières, ne semblait
justifier les soupçons.

Le jour commençait à tomber lorsqu'ils arrivèrent
devant le bâtiment de la poste. Un peu d'agitation se
manifestait dans la ville, et quelques bruits vagues
ou contradictoires circulaient parmi les groupes qui
s'étaient formés çà et là. Un détachement de hussards
du 6e régiment venait d'entrer par la porte de Ver-
dun, et la vue de ces uniformes, combinée avec ces

rumeurs confuses, inquiétait la population. Le commandant en chef de ce détachement, requis par la municipalité de déclarer quel était l'objet de sa mission, communiqua des ordres signés du marquis de Bouillé, et *enjoignant à ce détachement d'aller au devant d'un trésor destiné aux troupes de la frontière.*

Sans détruire entièrement l'agitation, cette explication la ralentit. Peu à peu même, les groupes se dissipèrent, et Dominique et Claude restèrent à peu près seuls devant le bâtiment de la poste.

Un homme de vingt-huit à trente ans fumait, assis sur un banc, à côté de la porte.

La nuit approchait; mais on sait combien, à la fin de juin, le crépuscule se prolonge; on pouvait encore se voir distinctement à quelques pas de distance.

Claude et Dominique continuaient leur promenade sur la place que côtoie l'hôtel de la poste. Chaque fois qu'ils revenaient sur leurs pas, ils se retrou-

vaient près du fumeur assis ; le feu de sa pipe brillait comme un ver-luisant, au milieu des ombres
croissantes.

Dominique avait toujours son bras passé sous celui de Claude; il lui semblait que pas un de ses mouvemens ne pouvait lui échapper.

Mais, tout en continuant à marcher, Claude, sans
affectation, avait fixé les yeux sur le fumeur. Au premier tour, leurs regards s'étaient rencontrés; au second, Claude élevant la main que Dominique lui laissait libre, la passa perpendiculairement sur son visage, puis horizontalement sur sa bouche ; l'inconnu
répondit par un même signe : c'était la franc-maçonnerie révolutionnaire ; Claude n'en demandait
pas davantage.

Il laissa passer quelques minutes ; puis, tirant
tranquillement une pipe de sa poche, il se mit à la
bourrer avec une savante lenteur. Ensuite, il la porta
à sa bouche, et alors seulement parut s'apercevoir
qu'il n'avait pas de feu. En ce moment même, les

hasards de la promenade venaient de les rapprocher du fumeur inconnu, qui n'avait pas bougé de sa place, et dont la pipe brillait davantage à mesure que l'ombre s'épaississait.

Claude fit le geste usité en pareille circonstance, et, dégageant doucement son bras de dessous le bras de Dominique, il porta la main à son chapeau, s'inclina devant le fumeur, et murmura quelques mots que Dominique ne put entendre, mais qu'évidemment son geste, son attitude et sa pantomime traduisaient ainsi :

— Monsieur veut-il me permettre de m'allumer?

Les deux pipes étaient collées l'une à l'autre, et voici les paroles rapides qui s'échangeaient à voix basse :

— Votre nom?

— Drouet.

— Vous êtes patriote?

— Oui.

— Vous haïssez Louis XVI et l'Autrichienne?

— Oui.

— Vous les connaissez?

— Non.

— Que feriez-vous pour l'homme qui vous les livrerait?

— Tout.

— Ils passeront ici, demain, dans le jour; il y aura deux voitures : l'une grosse , l'autre petite. Vous verrez, dans l'escorte, un jeune homme de trente ans, costume de courrier, bleu et jaune, cheveux blonds, moustache brune. Quand tout sera découvert, vous direz que c'est lui qui vous a tout révélé.

— Je le dirai.

—Monsieur, je vous remercie et je vous demande pardon, dit alors Claude à voix haute, en se relevant avec sa pipe allumée. Mon diable de tabac était si humide, que j'ai abusé de votre complaisance.

L'inconnu s'inclina poliment; Dominique et Claude se promenèrent encore quelques instans sur la place, puis rentrèrent dans leur logis. Dominique ne ferma pas l'œil; Claude ronfla bruyamment jusqu'au lendemain matin.

Ce lendemain, c'était le 21 juin 1791.

Pendant toute la matinée, les deux hommes se tinrent aux aguets près de l'hôtel de la poste, mais leur attente fut vaine ; la journée s'écoulait, et rien ne paraissait encore. Vers les huit heures, les hussards dont la présence avait jeté la veille quelque agitation dans la ville, étaient sortis de Sainte-Ménehould pour se replier sur Pont-de-Somme-Vesle, ainsi que l'indiquait le plan tracé par M. de Bouillé. L'émotion causée par cet incident commençait donc à s'effacer, lorsque, trois heures après, on avait vu arriver un détachement de dragons, commandé par M. d'Andoins, et l'apparition de ces nouvelles troupes avait tout-à-coup ranimé l'inquétude et l'exaspération populaire.

Cependant cette exaspération n'offrait pas encore de caractère alarmant. Tout se passait en pourparlers plus ou moins orageux, entre M. d'Andoins, qui faisait valoir ses ordres, et les officiers municipaux, qui multipliaient leurs interrogatoires et demandaient le désarmement des soldats.

Etrangers à ces débats, à ces mouvemens, Claude et Dominique attendaient toujours. A mesure que les heures s'écoulaient, maître Ermel sentait son cœur battre si fort, qu'il craignait, par momens, de tomber mort avant le passage du Roi. Malgré son trouble, il ne perdait pas un instant de vue son re-

doutable compagnon, et le calme de Claude l'étonnait. Celui-ci semblait si bien décidé à rester l'instrument docile de l'œuvre réparatrice à laquelle ils
étaient tous deux associés, que les alarmes de Dominique se dissipaient. Il commençait à espérer que
cette âme, si rude et si haineuse qu'elle fût, recu-
lerait d'horreur à l'idée de trahir les personnes
royales.

Enfin, à sept heures du soir , une grosse voiture,
suivie d'une voiture plus petite, et escortée de deux
courriers vêtus de livrées bleues et jaunes, déboucha
dans la rue qui conduisait à la poste. Cette voiture
était d'une forme bizarre , d'une élégance compro-
mettante qui devait attirer l'attention. La dimension
des valises qui surmontaient l'impériale , le velours
blanc qui garnissait l'intérieur, les tresses et torsades
de soie répandues à profusion, les conditions de soli-
dité et de *comfort* réunies au dedans et au dehors
avec le soin le plus minutieux, tout, jusqu'à la présence de ces deux courriers en livrée, l'un vieux ,
l'autre jeune, mais tous deux de fort bon air et de
grande mine, annonçait des voyageurs de haute dis-

tinction, et ne pouvait qu'aggraver les soupçons d'une population en éveil. Déjà M. d'Andoins, pour calmer l'irritation croissante, avait été forcé de consigner ses dragons.

Aussi, lorsque le principal voyageur, qui occupait une place du fond dans la grande voiture, pencha sa tête à la portière, comme pour chercher du regard ces troupes qui lui avaient été annoncées et qui lui manquaient déjà depuis Châlons, son regard ne rencontra que celui de trois hommes, placés, à diverses distances, près de l'hôtel de la poste. Les deux premiers étaient Claude et Dominique; le troisième était le fumeur inconnu qui avait échangé la veille avec Claude un si rapide dialogue.

C'était le maître de poste de Sainte-Ménehould; nous avons vu qu'il s'appelait Drouet.

Au moment où la voiture s'arrêta pour relayer, et où le voyageur assis dans le fond promena de tous côtés cet inquiet regard, Drouet fit un léger signe pour le montrer à Claude, en accompagnant ce signe d'une interrogation muette ; Claude répondit par un geste imperceptible, mais affirmatif, et, à son tour, il cligna de l'œil pour montrer à Drouet le jeune homme à cheval ; Drouet répondit de même ; ils s'étaient compris.

Pendant que les voitures relayaient, Dominique et Claude montèrent sur les siéges de derrière ; le changement de chevaux se fit rapidement, et bientôt, malgré les méfiances de la population, malgré les rumeurs hostiles qui circulaient çà et là dans les rues voisines, les voitures repartirent, laissant derrière elles ce bruit, cette agitation qui, plusieurs fois déjà, avaient serré le cœur des voyageurs, mais qui leur parurent dès lors ne plus rien pouvoir contre leur salut.

—Sauvés ! nous sommes sauvés ! s'écrièrent-ils ensemble lorsque l'attelage roula sur la grande route, n'ayant plus à droite et à gauche que les arbres, les moissons, les collines et l'horizon brumeux que le soir commençait à assombrir.

Ce cri de joie fut accompagné d'une douce étreinte, dans laquelle se confondirent le Roi, la Reine, madame Élisabeth, madame Royale et le Dauphin.....

Ici maître Calixte Ermel se leva ; une émotion profonde fit vibrer sa voix douce et calme ; son visage, habituellement mélancolique, s'illumina tout-à-coup :

—Monsieur le vicomte, dit-il à Charles de Varni, excusez-moi si, arrivé à ce moment de mon récit, je m'interromps pour saluer ces saintes et sublimes mémoires ! Oh ! gardons-leur dans nos âmes un inaltérable sanctuaire, puisque, non contens du crime d'une génération en délire, il existe encore des hommes qui insultent à cette majesté du malheur, à cette couronne d'épines posée par la main de Dieu sur ces fronts découronnés ! O roi ! le meilleur des rois ! depuis que d'exécrables scélérats, déguisés en législateurs, ont fait tomber ta noble tête, depuis que la France complice t'a vu marcher à l'échafaud sans briser de ses mains puissantes les bourreaux qui t'y conduisaient, il semble qu'elle ait perdu le repos pour toujours, et qu'elle coure incessamment vers les abîmes, comme ces personnages de la fable qui, condamnés par un premier forfait à une agitation éternelle, se livraient aux Furies vengeresses et erraient de rivage en rivage, conduits par la fatalité ! Tu as pardonné, toi ! Tu as laissé tomber de cet échafaud, que le sang du juste allait rougir, ces paroles sublimes, premier écho du ciel où tu montais, fils de saint Louis ! Si la victime pardonne, le crime ne se pardonne pas à lui-même ; il peut se glorifier, s'enorgueillir, se draper dans les lambeaux de sa pourpre, chercher sa grandeur dans le mal et se dédommager du remords qu'il ressent par l'effroi qu'il inspire : mais il porte en lui la plaie secrète : elle le déchire, elle l'irrite ; et peut-être les révolutions sans cesse renaissantes qui nous agitent et nous effraient, ne sont que les convulsions d'un peuple se débattant contre une sanglante image, et ravivant cette première plaie qu'il ne peut ni guérir ni oublier !

Et toi, belle et sainte Reine ! dernier soupir d'un monde dont tu devais emporter dans ta tombe l'inimitable élégance, la grâce exquise, les royales gran-

deurs et les royales beautés! dernier rayon de ce
soleil couché sous des nuages de sang, gros de tour-
mentes et d'orages! le morceau de serge noire que
rapiéçaient, dans la prison du Temple, tes doigts
gercés par le froid, l'infâme tombereau qui t'a traî-
née vers le couteau infâme, n'ont pas suffi à tes per-
sécuteurs! Torturer et tuer la Reine, c'est bien ;
mais calomnier la femme, mais déshonorer l'épouse,
mais outrager la mère, mais jeter sous les roues de
ce tombereau la fange de leurs mensonges pour
qu'elle éclabousse ce suaire consacré par le martyre,
voilà ce qu'ils ont voulu ; voilà l'œuvre glorieuse
qu'ils continuent encore après cinquante ans ! Saintes mémoires ! ombres adorées ! si les grands de ce
monde vous oublient, si le succès semble couronner
les fils de vos ennemis, si le génie même, ce roi qui
devrait rester fidèle à ses frères et à ses sœurs, si le
génie même vous trahit, ah ! qu'il reste du moins çà
et là, dans quelques coins obscurs de cette malheureuse France, des cœurs inconnus, des âmes simples
qui élèvent sans cesse vers vous le pur encens de
de leur amour et de leur respect! Je ne suis qu'un
pauvre notaire courbé sous les chagrins, et m'ache-

minant tristement vers une tombe sans nom, après une vie sans gloire. Eh bien ! ne dédaignez pas trop, augustes martyrs, ce respectueux hommage !... Ici, dans cette chambre sombre et nue d'une prison moins dure, hélas ! que les vôtres, ce jeune homme, dernier rejeton d'une famille proscrite, et moi, son seul ami, nous nous inclinons avec larmes devant votre lointaine image ; et s'il est vrai que Dieu consacre l'obole du pauvre, s'il bénit l'offrande des humbles plutôt que celle des superbes et des riches, pardonnez, majestés saintes, aux aberrations du génie, et que ses outrageantes paroles s'effacent pour vous dans ce cri d'amour de Calixte Ermel (1) !

Si mon cœur tressaille encore à ces souvenirs, reprit le Notaire après quelques instans de silence, jugez, monsieur le Vicomte, quelles devaient être les émotions de M. de Varni, et surtout de son fils El-

(1) Maître Calixte Ermel parle en septembre ou octobre 1846 ; l'*Histoire des Girondins* n'a paru qu'en mars 1847. L'auteur a cru pouvoir se permettre ce léger anachronisme, afin de trouver une nouvelle occasion de protester contre cet impardonnable livre.

zéar, pendant ce voyage où chaque minute pouvait sauver ou perdre les augustes fugitifs, où toutes ces âmes se confondaient dans une même pensée, où tous ces regards se parlaient le même langage, où, à chaque mécompte, à chaque nouvelle angoisse, une même pâleur passait du front des maîtres sur celui des serviteurs. Les symptômes d'agitation qui s'étaient révélés sur leur passage à Pont-de-Somme-Vesle et à Sainte-Ménehould, l'absence de troupes aux endroits qui avaient été désignés, leur avaient paru des présages sinistres. Mais lorsqu'ils eurent dépassé Sainte-Ménehould, lorsque la petite troupe se fut grossie de Dominique et de Claude montés derrière les voitures, que la nuit fut tout-à-fait venue, et que les voyageurs, respirant l'air balsamique du soir, promenant leurs regards sur ces campagnes silencieuses et paisibles, songèrent que le jour ne se lèverait plus avant le terme de leur dangereux voyage, ils respirèrent comme soulagés d'un fardeau terrible; quelques douces paroles, quelques expressions de reconnaissance, de dévouement et d'espoir s'échangèrent à demi-voix entre les voitures et les deux cavaliers qui trottaient près des portières. De temps à

autre, Elzéar caressait de la main le cou de *Fatime*,
sa jument arabe, admirable bête qui courait au grand
trot depuis Châlons sans qu'une goutte de sueur
mouillât son poil lisse et poli, sans que sa bouche
ardente fût tachée d'un flocon d'écume. Le cœur du
noble jeune homme palpitait d'un sentiment étrange,
pur comme son dévouement, immense comme son
courage. Il eût voulu concentrer, absorber en lui
tous les périls suspendus sur chacune de ces têtes sa-
crées, être frappé au moment où la Reine mettrait le
pied sur la terre de salut, et expirer avec délices,
payé par un sourire.

A onze heures du soir, les voitures royales arrivèrent à Varennes.

Les historiens, les témoins oculaires, plusieurs
même des acteurs de ce sombre drame, ont rendu
familiers à toutes les mémoires les détails topogra-
phiques qui se rattachent à cette partie de notre récit. On sait que Varennes se divise en ville haute et
ville basse, séparées par une petite rivière, et que le
pont qui joignait entre elles les deux villes était sur-

monté d'une tour féodale, posée sur une voûte mas-
sive, obscure, sous laquelle les voitures étaient obli-
gées de passer

On sait aussi que, Varennes n'étant pas un relais
de poste, les fugitifs devaient y trouver des chevaux
de M. de Choiseul, chevaux disposés d'avance dans
un lieu désigné, de façon à ne pas causer un moment de retard. Malheureusement, le Roi croyait que
ce relais improvisé se trouverait dans la ville haute,
avant le dangereux passage du pont et de la voûte; et
on avait, au contraire, placé ces chevaux dans la ville
basse, pensant qu'il valait mieux que l'attelage, lancé
depuis Clermont, parcourût sans s'arrêter la descente, et que la halte nécessaire pour relayer n'eût
lieu qu'à l'autre extrémité de la ville, au moment de
se retrouver en rase campagne et de n'avoir plus à
craindre ni curiosité ni agitation populaire.

Ce premier malentendu fut pour les voyageurs un
sujet d'angoisses et de pressentimens terribles. Tous
mirent pied à terre, cherchant ces chevaux, s'infor-
mant à droite et à gauche, et perdant de porte en

porte ces minutes précieuses, leurs dernières minutes de liberté. A la fin, las de leurs vaines recherches, ils s'adressèrent aux postillons qui les conduisaient depuis Clermont, et, à force d'argent et de promesses, ils obtinrent qu'ils passeraient outre. Les postillons remontèrent en selle, traversèrent au grand trot la rue en pente qui conduit au pont. Tout était silencieux dans cette partie de la ville ; onze heures sonnaient à l'horloge de la tour; pas une lumière ne brillait aux fenêtres; pas une figure vivante dans la rue ; pas un bruit dans le lointain; partout ce calme nocturne des petites villes sur lesquelles la nuit semble peser comme un linceul de plomb.

Calme trompeur! l'ennemi veillait, le danger était à quelques pas.

En effet, pendant que les voitures royales relayaient à Sainte-Ménehould, Drouet, le maître de poste, à qui la pantomime de Claude ne laissait plus le moindre doute, était précipitamment rentré dans son écurie; il avait sellé, équipé et enfourché son meilleur cheval; puis, profitant de l'avantage que lui donnait .

l'exacte connaissance du pays, il s'était lancé à fond de train sur le chemin qui va directement de Sainte-Ménehould à Varennes, sans passer par Clermont, gagnant ainsi près de quatre lieues sur les voitures qu'il voulait atteindre (1). Aussi, au moment où ces voitures arrivaient à l'entrée de la ville haute, Drouet était à Varennes depuis trois quarts d'heure. Il avait eu le temps de réveiller quelques *patriotes* de ses amis ; je leur laisse ce titre que corrigera tôt ou tard l'histoire, à moins qu'on accorde le nom de patriotes aux révolutionnaires, parce qu'ils aiment leur patrie comme les chasseurs aiment le gibier, pour le détruire et le dévorer.

Aidé de ses amis, Drouet avait placé sous la voûte de la tour une charrette renversée et de grosses poutres, de façon à barrer le passage ; tapi avec eux derrière cette charrette, il attendait.

Les voitures s'engagèrent sous la voûte, en se heurtant aux obstacles accumulés par Drouet et ses compagnons; les chevaux effarouchés se cabrèrent.

(1) Voir la note 1 à la fin de l'ouvrage.

— Arrêtez! s'écria en même temps une voix menaçante.

Elzéar de Varni fit instinctivement deux pas en avant, dirigeant son pistolet du côté d'où partaient les voix; mais, dans le désordre de cette halte, son cheval était si rapproché de la portière, que le roi, en étendant le bras, fit baisser le pistolet.

— Restez impassible, ou vous nous perdez ! murmura-t-il à son oreille.

Au même instant, les hommes apostés se montrèrent; ils entourèrent les voitures et ordonnèrent aux voyageurs de descendre.

— De quel droit cet ordre? demanda le roi d'un ton ferme. Pourquoi cette violence? pourquoi interdire le passage à des voyageurs paisibles?

— Parce que ces voyageurs paisibles sont des voyageurs suspects, reprit ironiquement Drouet; en con-

séquence, je vous enjoins de nous suivre chez le procureur de la commune !

Pendant qu'il parlait, un de ses hommes accourut
avec une torche et en promena la clarté délatrice sur
tous ces pâles visages qui se penchaient aux portières.

— Elzéar, le regard fixé sur la reine, la vit tressaillir
d'effroi et de colère.

— Un mot, Madame, dit-il rapidement et à voix
basse, dites un seul mot, je tue le chef de ces misérables ; les autres auront peur et nous leur passerons
sur le ventre.

Mais quelques-unes de ces paroles arrivèrent jusqu'au Roi :

— Non ! dit-il, pas une goutte de sang !... je vous
le défends.

Elzéar baissa la tête.

— Descendez! descendez tous! répétait Drouet, il le faut; la sûreté du pays l'exige... si nous nous trompons, si vos passeports sont en règle, tout s'expliquera chez le procureur-syndic.

Drouet était trop habile pour prononcer ces paroles d'un ton de haine ou de violence propre à désespérer les fugitifs et à leur inspirer peut-être quelque résolution extrême. Ses manières étaient adroitement calculées pour faire passer ces cœurs pleins d'angoisses par des alternatives d'espoir et d'épouvante. Il semblait poussé par un excès de zèle et de précaution patriotiques, plutôt que guidé par une certitude. Le Roi et la Reine s'y trompèrent quelques instans encore, et crurent qu'en obéissant aux injonctions de ce nouveau persécuteur, ils pourraient tromper ses soupçons, nier leur identité et sortir enfin de cette ville fatale.

Ils se décidèrent à descendre de voiture, ordonnèrent aux dames de service de les suivre, et firent signe au vicomte de Varni et à Elzéar de mettre pied à terre. Dominique et Claude sautèrent à bas de leurs siéges.

Cependant quelques-uns des compagnons de Drouet s'étaient détachés du groupe et faisaient sonner le tocsin. Les fenêtres s'ouvraient; la population, si calme tout à l'heure, se réveillait de toutes parts. Les questions, les commentaires, les cris d'alarme, de pitié ou de haine, se croisaient d'un bout de la rue à l'autre. Quelques gardes nationaux s'étaient réunis à Drouet et surveillaient la marche des voyageurs ; il les précédait de quelques pas et dirigeait cet étrange cortége vers la maison de Sausse, procureur-syndic de la Commune. Dans l'intervalle, on avait allumé plusieurs flambeaux, et leur lueur rougeâtre, tremblottant sur les murs des maisons, où elle faisait courir comme des ombres les noires silhouettes des divers acteurs de cette scène, ressemblait à une flamme de l'enfer prêtée par Satan aux hommes qu'il inspirait.

Cinq minutes après, on arrivait chez Sausse, le procureur-syndic. Cet homme, épicier de son état, venait de se réveiller en sursaut; il reçut, au rez-de-chaussée, dans sa boutique , cette bande de misérables qui lui amenaient la fille des Césars et l'arrière-petit-fils de Louis XIV.

En un moment, cette boutique fut envahie par la foule; Sausse, qui n'était pas méchant , paraissait craintif, irrésolu. Il se tenait adossé à la balustrade d'un escalier de bois qui conduisait au premier étage. Devant lui, Drouet, l'œil ardent, le geste accusateur, lui montrait le groupe des voyageurs qui se tenaient pressés les uns contre les autres, essayant de dissimuler leur trouble. Derrière les personnes royales, M. de Varni et Elzéar , pour obéir à leurs maîtres, affectaient l'indifférence de domestiques de bonne maison, ennuyés plutôt qu'effrayés ; au second plan, on voyait Dominique et Claude, à demi perdus dans la pénombre et mêlés aux gardes nationaux et aux habitans.

Sausse hésitait; par un singulier hasard, aucun de ceux qui se trouvaient là, ne connaissait le Roi ni la Reine. Une vague ressemblance avec l'effigie royale

sur les pièces d'argent, une sourde méfiance excitée
par les bizarres allures et le riche équipage de ces
voyageurs, enfin ce pressentiment instinctif qui s'empare parfois des populations au contact de certains
évènemens et de certains personnages, voilà ce qui
remuait ces masses inquiètes.

— Prenez garde à ce que vous allez faire! disait le
Roi sans s'abaisser à des dénégations inutiles; voilà
le passeport de madame la baronne de Korff, il est
en règle; il est précis, la date est du 5 juin, et il est
valable pour un mois.

L'hésitation de Sausse était de plus en plus visible;
une nouvelle lueur d'espoir se glissait dans l'âme des
fugitifs.

— Et moi, je répète, citoyen procureur, s'écria
Drouet avec une irrésistible énergie, que, si vous
laissez repartir les personnes que vous avez en ce
moment sous les yeux, vous commettrez un crime de
lèse-nation : je répète, et je jurerais au besoin devant Dieu et devant les hommes, que cette prétendue

baronne de Korff est la Reine Marie-Antoinette , et que ce prétendu valet de chambre est le Roi Louis XVI. Je ne vous dis pas que je le crois, je vous dis que j'en suis sûr; je ne vous dis pas que j'en suis sûr, je vous dis que je le sais.

— Vous les connaissez donc ? demanda le procureur-syndic , dont l'incertitude se dissipait devant tant de résolution et d'assurance.

— Mieux que cela , répondit Drouet, dont le regard alla chercher dans la foule l'âpre regard de Claude.

— Mieux que cela ?

— Oui, les personnes royales m'ont été désignées, à Sainte-Ménehould , par un homme de leur suite , et c'est ce qui m'amène ici.

A cette révélation si imprévue, un murmure d'étonnement et d'indignation courut dans toute la chambre. Dominique Ermel, ne doutant pas que cet exécrable délateur ne fût Claude, caressait de la main la crosse de son pistolet, toujours caché sous sa veste : Claude ne sourcillait pas.

— Un homme de leur suite? reprit avec une lenteur solennelle le procureur-syndic.

— Oui, un homme de leur suite, répondit Drouet au milieu d'un silence de mort.

— Et cet homme, quel est-il?

— C'est ce jeune homme habillé en courrier, livrée bleue et jaune.

Et de la main il montrait Elzéar de Varni.

Ici nous renonçons à peindre.

Le Roi, la Reine, madame Élisabeth restèrent atterrés. Leur douleur, leur surprise fut si violente, qu'elle leur ôta même la force de nier plus longtemps leur identité. Quant au vicomte de Varni et à son malheureux fils, plongés dans une indicible stupeur, ils regardaient autour d'eux d'un air hébété. En vain ils voulaient ouvrir la bouche, souffleter d'un démenti la joue de l'infâme calomniateur, épancher leur âme dans un de ces cris où se révèle l'innocence indignée ; leur langue était glacée, leurs lèvres muettes; ils restaient là , silencieux et immobiles comme deux statues foudroyées.

**Ce fut Sausse qui rompit le silence.**

—Êtes-vous bien sûr que ce soit ce jeune homme? demanda-t-il à Drouet d'une voix que l'étonnement rendait encore tremblante. Dites-nous comment les choses se sont passées, et songez qu'il s'agit de l'honneur d'un homme.

—Ce cavalier s'est penché sur sa selle au moment où les voitures relayaient à Sainte-Ménehould ; j'étais là, et il m'a dit tout bas à l'oreille : Ces voyageurs sont le Roi, la Reine, madame Élisabeth, le Dauphin et madame Royale.

Drouet prononça ces paroles avec la précision la plus nette : quel motif d'ailleurs pouvait-on lui supposer pour calomnier un homme que, selon toute apparence, il voyait, ce jour-là, pour la première fois ?

Elzéar essaya de parler : vains efforts ! la commotion avait été trop forte ; une sorte d'ébranlement nerveux continuait d'obscurcir son cerveau et de paralyser sa langue ; son père, le voyant si pâle et si écrasé, se croyait en proie à un rêve affreux. Il voulut élever la voix ; mais Sausse les regardant tous deux avec une pitié méprisante :

—Silence ! dit-il ; puis s'adressant à Louis XVI, il lui demanda d'un ton de fermeté mêlée de tristesse :

— Niez-vous encore que vous soyez le roi de France ?

— Je ne le nie plus.

— C'est bien ; vous resterez ici jusqu'à nouvel ordre ; si vous avez besoin de repos, toute ma maison vous appartient.

Louis XVI et Marie-Antoinette avaient repris leur attitude royale. Pensant qu'avant la fin de la nuit M. de Bouillé pourrait être à Varennes avec des forces suffisantes pour les délivrer, l'espoir ne les abandonnait pas encore. D'ailleurs, une fois reconnus, il leur répugnait de prier ces hommes qui auraient dû se courber devant eux. Marie-Antoinette jeta un regard empreint d'une dignité douloureuse sur cette foule irritée, sur cette chambre où venait de se décider son sort ; puis, elle s'achemina vers l'escalier de bois, pour monter dans l'appartement qu'on lui préparait à la hâte. Dans ce mouvement, elle passa devant Elzéar de Varni.

— Oh ! monsieur ! que vous avions-nous fait ? lui dit-elle avec douceur.

Et montant lentement l'escalier, elle disparut.

Le Roi la suivit, et passant à son tour devant Elzéar :

—Monsieur ! lui dit-il, si cet homme a menti, je vous plains ; s'il a dit vrai, je vous pardonne.

Elzéar était toujours muet ; mais, en ce moment, son père, se penchant vers la rampe de l'escalier dont Louis XVI montait les premières marches, lui dit tout bas :

— Sire, il y a dans tout ceci quelque secret effroyable ; mon fils est victime d'un affreux complot ou d'un horrible hasard : mais je réparerai le mal ; que Votre Majesté cherche à gagner du temps ; il n'est pas minuit, M. de Bouillé doit être à Dun ; je cours vers lui, et, à cinq heures du matin, nous serons ici avec son régiment...

—Faites, Monsieur, nous vous bénirons, répondit le Roi avec son ineffable bonté ; et achevant de gravir ce misérable escalier, il disparut par la même porte où venait d'entrer la Reine.

A la faveur du tumulte, monsieur de Varni s'avança vers son fils et lui prit la main ; cette main était froide ; il lui dit quelques mots ; Elzéar ne lui répondit pas. Le vicomte reconnut avec désespoir que l'infortuné jeune homme, brisé par ce coup étrange, inexplicable, inouï, était incapable de le comprendre et de l'accompagner. Alors, s'adressant à Dominique, presque aussi pâle qu'Elzéar :

—Mon ami, lui dit-il, veillez sur mon malheureux fils.

Puis il fit un signe à Claude, dont le visage conservait son expression énergique. Claude se rapprocha de lui ; ils se glissèrent furtivement derrière les groupes, pendant que l'attention générale, surexcitée par toutes ces émotions successives, était fixée vers cette humble porte qui venait de se fermer sur les augustes captifs ; ensuite, profitant d'un moment favorable, ils s'élancèrent hors de la maison.

Comme si la Providence avait voulu donner à monsieur de Varni encore un moment de consolation et d'espoir, à peine eurent-ils fait quelques pas dans la rue qu'ils entendirent un hennissement.

— C'est *Fatime*, la jument de mon fils ! dit le vicomte avec joie.

En effet, à l'angle de la rue, à une distance à peu près égale de la maison de Sausse et de la voûte fatale, ils rencontrèrent *Zulma* et *Fatime* qu'on avait laissées en liberté, et que leur admirable instinct maintenait sur la route qu'avaient dû suivre leurs maîtres.

—Bien ! nobles bêtes ! s'écria monsieur de Varni en saisissant la bride de *Zulma*, et en sautant dessus avec une agilité de jeune homme. Darnioli, montez vite sur *Fatime*, et en avant !

— Où allons-nous ? demanda Claude.

—A Dun, ventre à terre, trouver le marquis de Bouillé.

—Partons ! dit Claude déjà en selle.

Mais, à la pâle lueur d'une nuit d'été, Claude,

avant de monter sur *Fatime*, avait vu briller, sur le pavé, un morceau de verre, mince débris d'une bouteille, bue peut-être par Drouet ou quelqu'un de ses compagnons. A tout hasard il l'avait ramassé et mis dans sa poche.

Quelques minutes après, ils étaient sortis de la ville et ils couraient, au triple galop, sur la route de Dun.

La nuit était belle, les deux jumens infatigables, et minuit n'avait pas encore sonné aux horloges de Varennes, que déjà M. de Varni et Claude en étaient bien loin.

LE SANG INNOCENT.

## V.

De Varennes à Dun, il n'y a guère que cinq lieues,
mais par un chemin montagneux et difficile. Monsieur de Varni et Claude, galopant sur la crête des
collines, sur la pente des ravins, au bord des ma-
rais et des précipices, ressemblaient à ces cavaliers de
la nuit qu'ont chantés les ballades allemandes. *Zulma* et *Fatime* avaient le pied si sûr, qu'elles fran-

chissaient les plus périlleux obstacles sans avoir l'air de se douter ni de l'obstacle, ni du péril.

Cependant, à un endroit de la route où la montée devenait assez raide pour les forcer à ralentir un peu la vitesse de leur allure, monsieur de Varni mit sa jument au trot, et demanda à Claude :

—Depuis combien de temps croyez-vous que nous soyons sortis de Varennes ?

Claude regarda le ciel, interrogea les étoiles avec le coup d'œil exercé d'un homme habitué à la vie des champs, et répondit au vicomte :

— Il est une heure du matin.

— C'est cela, et nous devons avoir fait au moins la moitié de la route ; nous arriverons à Dun avant le jour ; nous y trouverons monsieur de Bouillé, venu de Stenay pour attendre les nouvelles et se tenir prêt à tout... A six heures du matin, nous pouvons être de retour à Varennes ; nous délivrons le Roi, et alors... oh ! alors, je pourrai songer à mon malheureux fils ; je pourrai questionner le calomniateur, éclaircir cet affreux mystère, savoir d'où est parti ce coup terrible. Une fois le Roi sauvé, la tache faite à l'honneur de mon nom disparaîtra vite, dussé-je la laver avec mon vieux sang !...

Pendant que le vicomte parlait ainsi, les deux cavaliers étaient arrivés sur le plateau d'une colline qui dominait le paysage à plusieurs lieues de distance. Les nuits sont si courtes, à cette époque de l'année, que déjà une bande blanchâtre, légèrement irisée d'opale, commençait à rayer le ciel et à faire pâlir les étoiles. A cette imperceptible clarté matinale, M. de Varni et Claude purent voir le chemin qu'ils avaient encore à parcourir. C'était d'abord une descente longue et rapide courant en rampe sinueuse au flanc de la colline qu'ils venaient de gravir. Au bas, le chemin s'enfonçait dans une vaste forêt qui se déroulait à l'horizon comme une ombre immense, laissant à peine jouer sur la cime de ses grands arbres ou au bord de ses massifs, quelque lame nacrée, quelque lumineuse dentelure qui en dessinait la silhouette. Dun était derrière cette forêt.

Monsieur de Varni étendit la main dans cette direction :

— Là est le salut ! s'écria-t-il ; puis il approcha l'éperon des flancs de *Zulma* pour la lancer au galop.

Mais en ce moment, Claude et lui s'aperçurent que *Zulma* était dégourmée.

Claude, en serviteur bien appris, sauta à terre, remit la gourmette ; en même temps, examinant cette noble bête comme pour voir si tout était en bon état, il se baissa avec la rapidité de l'éclair, et, cassant en deux le morceau de verre qu'il avait ramassé à Varennes, il en introduisit un fragment entre la corne et le pied de *Zulma*.

Ensuite il se rapprocha de *Fatime*, à laquelle il fit la même opération : une seconde après, il remon-

tait en selle, faisant signe au vicomte qu'il était prêt
à le suivre.

Les deux jumens étaient si ardentes, que, pendant
les premières minutes, leur allure resta la même ;
mais bientôt cette allure fléchit, et monsieur de Varni s'écria avec un accent de douloureuse colère :

—Darnioli, ma jument boite !

—C'est bizarre, la mienne aussi ! répondit Claude.

—Oh ! malheur à nous ! que peut-il donc leur
être arrivé ?

—Ce n'est rien, un peu de fatigue, voilà tout ;
songez que depuis Châlons elles n'ont rien mangé,
et que nous allons d'un train diabolique...

—Oui, diabolique, reprit monsienr de Varni avec
un rire d'insensé ; oui, c'est bien l'enfer qui parlait
tout à l'heure par la bouche de ce délateur... c'est
l'enfer qui arrête notre course au moment où nous

touchions au but... Ah! je me trompais donc encore...
Dieu ne m'a donc pas pardonné!

*Zulma* et *Fatime* bronchaient à chaque instant;
à chaque instant aussi, le désespoir du vicomte devenait plus violent : il labourait de coups d'éperons
le flanc de sa monture, qui, peu habituée à un pareil
traitement, se cabrait, ruisselait de sueur, ou s'arrêtait tout-à-coup en travers du chemin, tremblante
comme une feuille.

Cependant, les minutes s'écoulaient; l'aube commençait à paraître très distinctement.

La douleur de monsieur de Varni devint du délire. Au milieu de l'horrible scène de la maison
Saussè, il avait été soutenu par l'espérance de sauver
le Roi. Ensuite, l'extrême rapidité de sa course, l'i-
dée d'arriver à Dun avant le jour, avaient suffi pour
l'étourdir et faire diversion au tumulte de ses pensées; mais, dans ce moment, la réalité lui apparut tout entière. Elzéar déshonoré, le Roi captif,
cette œuvre qu'il avait embrassée avec tant d'ardeur,

manquée, brisée, perdue, tels furent les fantômes qui se dressèrent devant lui.

Ses tempes battaient ; son front brûlait ; il passait des malédictions aux prières. Tantôt il suppliait *Zulma*, comme si elle avait pu l'entendre : — Par pitié, encore ces deux lieues ! lui disait-il en la flattant de la main ; tantôt il l'accablait de coups furieux ; et, au milieu de ces vicissitudes, le temps passait et les cavaliers n'avançaient pas.

A la fin, Claude dit à M. de Varni : — Monsieur le vicomte, nous ne gagnons rien à nous mettre dans cet état ; plus ces bêtes sont fines, plus ces traitemens les mettent hors de service. Abandonnons-nous à elles ; allons au pas, s'il le faut. Si vraiment nous n'avons plus que deux lieues à faire et cette forêt à traverser, nous pouvons encore arriver à Dun avant le départ du marquis de Bouillé.

M. de Varni finit par se rendre à cet avis : ils s'engagèrent au pas dans la forêt ; mais là, le chemin n'était plus tracé, et, quoiqu'il fît grand jour, le vi-

comte et Claude avaient peine à se diriger. Arrivés
à un carrefour d'où partaient plusieurs sentiers dont
on n'apercevait pas l'issue, ils eurent encore un
instant d'hésitation et de doute. Au bout d'un de ces
sentiers, ils virent une maison de bûcheron. Claude,
qui semblait partager toutes les angoisses de son
maître, lui offrit d'aller en courant jusqu'à cette
chaumière, demander aux habitans le chemin le plus
court jusqu'à Dun. Il mit pied à terre, et y courut
de l'air le plus empressé du monde; arrivé là,
il fit le tour de la maison, y perdit encore un quart
d'heure, et, revenant tout essoufflé, il dit à M. de
Varni qu'il n'avait trouvé personne. Bref, lorsqu'ils
sortirent enfin de cette forêt maudite et qu'ils aperçurent à quelque distance la flèche du clocher de
Dun, Claude, calculant l'heure d'après la position
du soleil, reconnut, avec une joie secrète, qu'il était
près de cinq heures du matin.

Dix minutes après, ils arrivaient à Dun : à la porte
de la ville ils recontrèrent un soldat vêtu en paysan,
qui les examina avec attention, et leur dit à demi-
voix :

— Espoir, Montmédy.

— Espoir, Montmédy ! répétèrent les cavaliers.

— M. de Bouillé vient de partir, leur dit alors le soldat : il s'est lassé d'attendre ; il a pensé que le Roi était retenu à Varennes.

— Ce n'est que trop vrai ! reprit douloureusement M. de Varni.

— Il s'est replié sur Stenay pour prendre avec lui le *Royal-Allemand* qui se tient tout prêt, se porter sur Varennes, et délivrer le Roi ; marchez dans cette direction, peut-être le rencontrerez-vous.

—Ah ! nous pouvions être ici depuis deux heures ! s'écria le vicomte désespéré ; ces deux heures, c'est la honte de ma maison ; c'est la perte de l'infortuné monarque !

Le soldat ne comprenait rien à ce langage ; Claude alors, pensant qu'il pouvait sans inconvénient guérir

*Zulma* et *Fatime*, se mit à les examiner avec soin, enleva adroitement les deux morceaux de verre, constata les deux écorchures, dont il n'était plus temps de rechercher la cause, et qu'il bassina avec de l'eau-de-vie. Ils entrèrent ensuite dans une auberge que le soldat leur indiqua, firent donner l'avoine à leurs montures, les laissèrent prendre un peu de repos, et repartirent au bout d'une heure, allant à la rencontre de M. de Bouillé.

Ils le rencontrèrent, à moitié chemin entre Dun et Stenay (2); il marchait à la tête du régiment de *Royal-Allemand*, dont les dispositions étaient excellentes, et que le marquis, par quelques paroles d'une franchise martiale, avait achevé d'électriser.

M. de Bouillé reconnut le vicomte de Varni, dont le visage abattu, crispé de douleur, ne lui laissa plus de doute sur les évènemens de la nuit.

— Eh bien? lui dit-il tout frémissant d'impatience.

(2) Voir la note 2 à la fin de l'ouvrage.

— Eh bien ! monsieur le marquis, le roi a été arrêté hier soir à Varennes.

M. de Bouillé se tourna aussitôt vers son fils qui le suivait, et lui dit avec un sourire d'une expression navrante :

— Eh bien ! direz-vous encore que je suis heureux ? (3)

Puis, s'adressant à M. de Varni : A quelle heure a-t-on arrêté le Roi ? lui demanda-t-il.

— A onze heures.

— A onze heures du soir !.. et il est maintenant six heures ! s'écria M. de Bouillé en regardant à sa montre : vous avez mis sept heures pour faire sept lieues, lorsqu'il s'agissait du salut du roi de France ! Ah ! je dois donc me repentir de vous avoir choisi !

En tout autre temps, ces paroles, adressées, devant témoins, à un homme aussi fier que M. de Varni,

(3) Historique ; voir la note 3 à la fin de l'ouvrage.

eussent amené une explosion violente et une provocation immédiate. Mais cette âme altière était tellement brisée par cette série d'émotions, que ce fut presque avec le trouble d'un criminel que le vicomte répondit :

— Pardonnez-moi, Monsieur... un accident est arrivé à mes chevaux...

— Dans des circonstances pareilles, on s'arrange pour ne pas éprouver d'accident, répliqua brusquement M. de Bouillé. Puis, se tournant vers les officiers et les soldats du *Royal-Allemand* :

— Votre roi, leur dit-il, est à quelques lieues de vous ; le peuple de Varennes l'a arrêté. Le laisserez-vous, insulté et captif, entre les mains des municipaux ? Il vous attend ; il compte les minutes. Courons le délivrer et le rendre à la nation et à la liberté ! Je marche avec vous.... suivez-moi !

— Oui ! oui ! à Varennes ! s'écria tout le régiment avec le plus vif enthousiasme.

Ils se mirent en marche. Chemin faisant, M. de Bouillé demanda quelques détails à M. de Varni. Celui-ci lui raconta l'évènement, en évitant seulement de lui parler de l'épisode relatif à Elzéar. Mais ce souvenir affreux était tellement présent aux yeux de ce malheureux père, qu'il jetait un désordre extrême dans le reste de son récit, et que M. de Bouillé, surpris de tant d'abattement et de pâleur, se demandait si c'était bien là le même homme qu'il avait vu si intrépide à ses côtés, dans les guerres d'Amérique. De temps en temps, il interrompait le vicomte par une exclamation de douleur et d'angoisse. — Oh ! disait-il, ma vie tout entière pour ces deux heures perdues ! — Puis, revenant sur les circonstances de l'arrestation : — Et le misérable, s'écriait-il, le misérable qui a dénoncé le roi... vous dites que c'est un patriote venu, à toute bride, de Sainte-Ménehould?...

— Oui, répondait en tressaillant M. de Varni.

—Ah ! si je le tenais là, sous les pieds de mon cheval, reprenait le marquis de Bouillé d'une voix ter-

rible, l'écraser, le broyer, le réduire en poudre serait trop peu pour ma colère et pour le mal qu'il a
fait !

Chacune de ces paroles pénétrait dans le cœur de
M. de Varni comme une lame empoisonnée; un sourire étrange errait sur les lèvres de Claude qui, placé
derrière son maître, écoutait ce douloureux entretien.

Ils marchèrent ainsi pendant deux heures, parcourant au grand trot cette route sur laquelle M. de
Varni et Claude avaient perdu de si précieuses minutes. Ils venaient de dépasser la forêt de Dun, lorsqu'ils virent arriver à eux une petite troupe de cavaliers, parmi lesquels le vicomte reconnut avec une
nouvelle angoisse Elzéar et Dominique.

Ces cavaliers venaient de Varennes; à l'expression
de découragement et de tristesse qui se révélait dans
toute leur attitude, il était facile de pressentir la
nouvelle qu'ils apportaient.

Monsieur de Goguelas, dit le marquis de Bouillé à celui qui paraissait le chef de cette troupe, que venez-vous nous apprendre (4) ?

— Tout est fini, dit l'officier d'un air sombre ; le roi et la famille royale ont quitté Varennes depuis une heure.

— Mais nous pouvons nous jeter sur leur passage, enlever l'escorte qui les retient prisonniers, les ramener au milieu de leurs fidèles soldats ! s'écria M. de Bouillé avec l'accent du désespoir, nous pouvons....

— Rien, interrompit M. de Goguelas ; entre le Roi et nous, il y a maintenant cent mille hommes de garde nationale ; d'ailleurs, il nous le défend.

— C'est donc vrai, tout est fini, murmura M. de Bouillé, avec accablement ; puis, relevant la tête et fixant sur l'officier un regard où perlait, malgré lui,

(4) Voir la note 4 à la fin de l'ouvrage.

une larme brûlante : —Monsieur de Goguelas, dit-il froidement, votre rapport.

— Voici, général. Tout s'était bien passé jusqu'à Pont-de-Vesle ; là, la présence des hussards avait excité quelque émotion ; cependant les voitures royales ont pu relayer sans encombre. Même incident à Sainte-Ménehould, où l'agitation populaire a forcé M. d'Andoins de faire rentrer ses dragons au quartier quelques heures avant le passage des voitures. Pourtant, là aussi, le changement de chevaux avait pu se faire et les attelages repartir, malgré ces symptômes d'inquiétude et de méfiance ; mais ce court moment a suffi à un habitant de Sainte-Méne-hould pour prendre une résolution qui a tout perdu.

— Qu'a-t-il fait ?

— Ayant, en sa qualité de maître de poste, tous les chevaux du relais à sa disposition, il est monté sur le meilleur, et a pris un chemin de traverse qui lui a donné une heure d'avance ; il est arrivé à Varennes avant le Roi, et il a réveillé ses amis, donné

l'alarme, sonné le tocsin. Le Roi a été arrêté, conduit chez le procureur de la commune ; et là, après
quelques tentatives inutiles , force a été de déclarer
son identité.

— Après ?

— Cela se passait à onze heures du soir ; le Roi
n'a plus cherché alors qu'à gagner du temps ; il savait
qu'un des cavaliers qui l'escortaient depuis Châlons
était parti à toute bride pour venir vous trouver et
vous ramener à Varennes....

— C'est vrai, reprit ironiquement M. de Bouillé,
ce cavalier a même marché avec une telle vitesse,
qu'il n'a pas tenu à lui que je fusse prévenu à temps.

Et il regardait M. de Varni; puis il ajouta : —
Continuez, monsieur de Goguelas.

— J'étais, reprit celui-ci, dans la ville depuis la
veille, ayant, d'après vos ordres, fait préparer le relais, et me tenant prêt à me joindre à l'escorte des

voitures avec ces cinq officiers qui ne m'ont pas quitté, et dont la conduite a été digne de la noble cause que nous avions embrassée...

En même temps, il présentait d'un geste au général les cavaliers qui faisaient partie de sa petite troupe : M. de Bouillé salua ; M. de Goguelas poursuivit :

— A la faveur du désordre et de la nuit, nous avons pu nous rapprocher de la maison Sausse, où le Roi était retenu ; le Roi a pu nous communiquer ses ordres et ses espérances. Nous devions attendre, la main sur nos pistolets, le moment où vous arriveriez, faire une diversion, entourer les personnes royales, et, malgré notre petit nombre, vous donner le moyen d'arriver jusqu'à elles !

— Ah ! c'est celà ! le succès était sûr ! interrompit M. de Bouillé en se tordant les mains.

— Vous devez comprendre ce qu'a été pour nous tous cette nuit d'attente... Chaque instant nous apportait une espérance que l'instant suivant venait détruire... Chaque bruit du dehors, chaque arme reluisant dans l'ombre nous semblait le signal de la délivrance.... Ah ! que n'eussions-nous pas donné pour pouvoir retarder ce jour si prompt à venir, et dont les premières lueurs blanchissaient déjà l'horizon!... Vain espoir ! vains efforts ! le jour s'est levé, le soleil a inondé de ses rayons cette maison fatale où étaient enfermées tant d'émotions et de douleurs ; les heures s'étaient succédé, personne n'avait paru...

— Et alors?

— Alors le Roi a encore essayé de retarder son départ ; ses enfans se sont endormis : il a supplié qu'on ne les réveillât pas. Une des dames de service s'est trouvée mal ; il a fallu la faire revenir à elle ; mais enfin, à sept heures, les ordres sont devenus formels ; les gardes nationaux, les patriotes arrivaient de toutes parts, armés de fusils, de faulx et de fourches ; des cris hostiles, d'injurieuses menaces s'élevaient du sein de cette foule sans cesse grossissante. La famille royale était tombée dans cet état de

découragement et de fatigue où l'on se croit abandonné de Dieu, où il semble que l'on n'a plus que
le choix des malheurs, et où l'on devient indifférent
par excès de douleur et de misère... Le Roi a donné
le signal, et un quart d'heure après, les voitures
royales repartaient, entourées d'une escorte, hélas! bien différente de celle qu'elles avaient atten-
due....

— Est-ce tout? demanda M. de Bouillé.

Il y eut un moment de silence, pendant lequel on
entendit un murmure courir dans le groupe des officiers qui accompagnaient M. de Goguelas. Celui-ci
reprit tristement :

— Non, général, ce n'est pas tout ; mais je ne
sais si je ne ferais pas mieux de taire ce qui me
reste à vous révéler.

— Dites tout ; je veux tout savoir ! s'écria M. de
Bouillé d'un ton qui n'admettait pas de résistance,

— Eh bien! ce Drouet, ce maître de poste, qui a couru de Sainte-Ménehould à Varennes pour faire arrêter le Roi, n'a pas réussi tout de suite à convaincre le procureur-syndic : il y avait douté d'abord sur l'identité des personnes royales.... et alors, pour preuve de ce qu'il affirmait , ce misérable a dit que le Roi lui avait été désigné par un des cavaliers qui accompagnaient les voitures depuis Châlons.

— Et ce cavalier, quel est-il? demanda M. de Bouillé avec un sourd frémissement.

Sans mot dire et en baissant la tête en signe d'affliction, M. de Goguelas montra de la main Elzéar de Varni.

M. de Bouillé piqua des deux, et, en quelques bonds de son cheval, il fut aux côtés d'Elzéar.

— Vous! s'écria-t-il en levant l'épée sur lui... oui.., mais ce n'est pas un rêve, c'est le jeune Elzéar de Varni, le fils du vicomte de Varni!... voyons, Monsieur, parlez, dites un mot, justifiez-vous; parlez, ou je vous tue.

Elzéar se taisait.

— Mais j'y pense, dit M. de Bouillé qui, surmontant ce premier accès de colère, reprenait peu à peu le fil de ses idées... c'est le père de ce beau cavalier, c'est M. de Varni lui-même qui s'était chargé, cette nuit, de venir m'avertir, et qui a mis sept heures pour un trajet qui en demandait deux... Ah ! c'est bien ! poursuivit-il avec un ricanement sinistre, le père et le fils sont dignes l'un de l'autre, et j'ai eu la main heureuse dans le choix de mes complices !

Le vicomte de Varni souffrait toutes les tortures de l'enfer : mais comment se justifier? Quelle preuve donner de son innocence, de celle de son fils? Drouet n'était plus là ; personne ne pouvait prouver qu'il avait menti.. Ces accidens, ces obstacles qui avaient fait perdre au vicomte trois heures dans la forêt de Dun, comment en parler en face de ces résultats terribles, et devant ces hommes irrités?

M. de Varni regardait son fils, espérant qu'une parole de salut, une parole décisive sortirait de sa bouche ; mais en vain. Une pâleur de mort couvrait son front ; une sorte d'hébêtement terrible se lisait dans son regard ; nous l'avons dit, Elzéar était foudroyé.

— Mais parlerez-vous, l'un ou l'autre? reprit M. de Bouillé, dont la colère ne connaissait plus de bornes : vous que Sa Majesté Marie-Antoinette avait désignés elle-même... vous que je suis allé chercher dans votre obscurité pour vous associer à la plus noble tâche qui puisse échoir à des gentilshommes ; vous qui rendez la perfidie pour la bonté, l'ingratitude pour le bienfait, qui êtes-vous donc? quel est le démon qui vous a jetés sur mon chemin?... Ah! du moins tant de méchanceté et de bassesse ne restera pas impuni !

Et il revint à Elzéar, dirigeant son épée sur sa poitrine. Elzéar ne bougea pas ; seulement il ouvrit les bras et effaça les épaules, comme pour mieux recevoir le coup.

— Non, dit alors M. de Bouillé, j'ai honte de frapper un homme sans défense. Quel que soit le fil mystérieux qui vous ait guidé , fatalité ou crime, partez, fuyez, disparaissez de devant mes regards; seulement, comme il faut que chacun porte le poids de ses œuvres, comme aucun nuage ne doit rester sur un évènement qui détruit une monarchie et bouleverse la destinée d'un peuple, ma mémoire retiendra vos noms exécrables; l'histoire saura que c'est vous et vous seuls qui m'avez empêché de sauver la famille royale... Messieurs de Varni, dès ce moment vous êtes déshonorés !

A ce mot, qui tomba comme un soufflet sur la joue du vicomte et de son fils, M. de Varni sentit sa langue se délier; il allait parler, mais il n'en eut pas le temps; Elzéar le prévint.

Lui aussi, avait senti ce mot de déshonneur pénétrer jusque dans le plus intime de son être , et y réveiller la souffrance et la vie. Une rougeur subite avait remplacé cette pâleur mortelle, qui, depuis la

veille, était répandue sur son visage ; son œil éteint
s'était enflammé.

Il marcha droit à son père et lui dit :

— Monsieur, je me souviens en ce moment que
votre mère était d'Ajaccio; il y a du sang corse dans
vos veines.

— Que voulez-vous dire ?

— En Corse, lorsqu'un fils déshonore son père,
son père le tue ; tuez-moi.

Et, avec un geste d'une simplicité terrible, il lui
présenta la crosse d'un pistolet.

Monsieur de Varni recula, frémissant d'horreur.

—Mon père, dit alors Elzéar avec l'accent d'une
ardente prière, il n'y a que ce moyen. Ma religion me
défend de me tuer; d'ailleurs, le suicide ne paraî-
trait qu'une nouvelle preuve de mon désespoir et de
mon infamie... et vous comprenez pourtant, oh! oui,
vous comprenez, n'est-ce pas ? que je ne puis pas

survivre... Ecoutez-moi ; Dieu, qui a pitié de nous, vient de me rendre toute la lucidité de ma raison. Si vous me tuez, il sera clair que vous reniez toute responsabilité dans ma honte... Moi mort, vous redevenez innocent... Devant mon cadavre, la juste colère de monsieur de Bouillé tombe, et peut-être consent-il à laisser dans l'oubli ces deux noms qu'il vient de vouer à l'opprobre.

— Non, c'est trop affreux, je n'en aurai jamais la force, murmura le vicomte en se détournant.

Pendant ce dialogue rapide, les officiers s'étaient rangés en demi-cercle ; ils regardaient avec une douloureuse curiosité monsieur de Varni et Elzéar. L'action de celui-ci leur paraissait si étrange, si inexplicable, elle constituait une exception si monstrueuse aux idées d'honneur, patrimoine de tout gentilhomme, elle contrastait si complètement avec la noble et juvénile figure d'Elzéar, qu'à chaque instant ces cavaliers s'attendaient à voir jaillir une explication imprévue.

En ce moment, Elzéar se retourna vers eux ; le feu de la fièvre brûlait dans son regard.

— Messieurs, leur dit-il, d'horribles présomptions m'accablent ; je ne m'abaisserai point à les discuter. Avoir vu le Roi et la Reine arrêtés devant moi, et ne pouvoir rien pour leur salut, c'est déjà assez pour que je veuille mourir. Mon père et moi, sommes sous le poids d'une fatalité que nous n'avons en ce moment ni l'espoir, ni le temps de vaincre. Je viens de demander à monsieur de Varni le seul service que je puisse attendre désormais de ceux qui m'aiment ; je l'ai prié de me tuer, il refuse ; quel est celui de vous qui veut le remplacer ?

En disant ces mots, l'attitude d'Elzéar était si noble, tant de franchise et de courage brillait sur son visage, que les officiers se sentirent émus, et qu'une sorte de vague admiration succéda chez eux à l'étonnement et à la colère.

Elzéar alla d'abord à monsieur de Bouillé et lui tendit le pistolet.

— Non, lui dit le général, vous ne ferez pas de moi un meurtrier. Innocent, votre mort serait un crime ; coupable, votre sang me salirait.

Sans mot dire, Elzéar alla à monsieur de Goguelas, et lui adressa le même geste, la même silencieuse prière.

—Non, répondit monsieur de Goguelas, je suis un soldat, je ne suis pas un bourreau.

Elzéar passa successivement devant chacun des officiers qui formaient la petite troupe, et il n'en obtint que des réponses analogues.

Le jeune homme arriva ensuite à Dominique Ermel; celui-ci le contempla avec une indicible expression de douleur et de tendresse; il lui prit la main, la couvrit de baisers et de larmes, et refusant le pistolet:

— Oh! monsieur Elzéar, j'espérais que vous ne me le demanderiez pas; je vous aime et je vous désobéis.

Il ne restait plus que Claude. Au moment où Elzéar s'approcha de lui, un observateur attentif eût pu lire, sur cette figure impassible, une incroyable expression de joie et de haine satisfaite; mais cette expression s'effaça rapidement, et il répondit avec un air de respectueuse affliction :

—Veuillez me pardonner, Monsieur ! c'est la première fois que je vous aurai désobéi.

—Vous le voyez bien, il n'y a que vous ! s'écria Elzéar en se tournant de nouveau vers son père.

Monsieur de Varni restait immobile.

—Si vous me refusez encore, je me tue, lui dit tout bas Elzéar ; — nous serons déshonorés dans ce monde, et je serai damné dans l'autre.

La main de monsieur de Varni touchait au pistolet ; mais il ne le prenait pas.

—Vous pensez bien, Monsieur, reprit son fils, que ce n'est pas en un moment comme celui-ci qu'on recule devant une résolution comme la mienne : choisissez : je vous donne cinq minutes, pendant lesquelles je vais me recueillir et prier Dieu.

Elzéar tira sa montre, puis il se mit à genoux ; le

pistolet était toujours entre ses mains, mais à portée de la main de son père.

La prière fut courte et fervente : *Le Roi, la Reine, Adrienne, Raymon, ma mère!* tels furent les seuls mots que le vicomte entendit.

Tous les assistans frémissaient d'épouvante; tous les yeux étaient fixés sur ces deux hommes.

Elzéar se releva : — Les cinq minutes sont écoulées, dit-il ; mon père, j'attends.

Monsieur de Varni prit le pistolet ; un cri à demi étouffé s'échappa de toutes les poitrines.

— Vive le Roi ! s'écria le jeune homme pendant que son père armait la détente.

— Vive le Roi ! répéta le vicomte ; et en même temps le coup partit ; Elzéar tomba baigné dans son sang ; la balle avait pénétré en pleine poitrine ; il était mort.

— Vous tous qui êtes ici, s'écria alors monsieur de

Varni tenant encore dans ses mains le pistolet fumant; vous tous qui êtes ici, vous êtes témoins que je viens de racheter mon honneur : êtes-vous contens de la rançon ?

Personne ne répondit; monsieur de Varni s'adressant alors à monsieur de Bouillé :

—Monsieur le marquis, lui dit-il en montrant le corps d'Elzéar, puis-je espérer que ce sang suffira pour effacer mon nom de la page déshonorante où vous vouliez l'inscrire ?

— Oui, répondit le marquis , mais vous me faites horreur; je vous promets de vous oublier; ni vous ni votre malheureux fils n'aurez existé pour moi ; ni lui ni vous n'existerez dans l'histoire des évènemens de cette nuit; c'est là ce que voulez, n'est-ce pas?

— Oui.

— Eh bien! séparons-nous et ne nous revoyons jamais. Messieurs, ajouta-t-il en s'adressant à ses officiers, que le corps de M. Elzéar de Varni soit enterré avec les honneurs militaires !

— C'est bien, monsieur, je vous remercie, dit le vicomte. Adieu et oubli!

— Adieu et oubli ! répondit M. de Bouillé en se détournant du malheureux père.

M. de Varni fit signe à Dominique et à Claude; tous trois prirent le chemin du Midi; au bout de quelques minutes, ils avaient cessé d'être en vue de M. de Bouillé et de ses compagnons.

Lorsqu'ils furent seuls, M. de Varni, tournant vers eux son visage empreint d'une expression d'égarement qui les épouvanta :

— Maintenant, leur dit-il, menez-moi où je puisse mourir!

— Eh bien ! à Avignon alors! répondit Claude.

— A Avignon! s'écria le vicomte.

Et ils reprirent leur route sans échanger une parole de plus.

FIN DU DEUXIÈME VOLUME.

# TABLE DU DEUXIÈME VOLUME.

# NOUVEAUTÉS EN VENTE.

## BALZAC.

Le Provincial à Paris. . . 2 vol.
La Femme de soixante ans. 3 vol.
La Lune de miel. . . . . . 2 vol.
Petites misères de la vie
  conjugale. . . . . . . . . 3 vol.
Modeste Mignon. . . . . . 4 vol.

## CLÉMENCE ROBERT.

Le Tribunal secret. . . . 4 vol.
Le Pauvre Diable. . . . . 2 vol.
Le Roi. . . . . . . . . . . 2 vol.
William Shakspere. . . . 2 vol.
Mandrin. . . . . . . . . . 4 vol.
Le Marquis de Pombal. . . 1 vol.
La Duchesse d'York. . . . 1 vol.
Les Tombeaux de Saint-
  Denis. . . . . . . . . . . 2 vol.
La Duchesse de Chevreuse. 2 vol.

## EMMANUEL GONZALÈS.

Mémoires d'un Ange. . . 4 vol.
Les Frères de la Côte. . . 2 vol.
Le Livre d'Amour. . . . . 2 vol.

## HENRY DE KOCK.

La Course aux Amours. . 3 vol.
Lorettes et Gentilshommes 3 vol.
Le Roi des Étudiants. . 2 vol.
La Reine des Grisettes. . 2 vol.
Les Amants de ma Maîtresse 2 vol.
Berthe l'Amoureuse. . . . 2 vol.

## ÉLIE BERTHET.

Le Nid de Cigogne. . . . . 3 vol.
Le Braconnier. . . . . . . 2 vol.
La Mine d'or. . . . . . . . 2 vol.
Richard le Fauconnier. . 2 v l.
Le Pacte de famine. . . . 2 vol.

## ROLAND BAUCHERY.

Les Bohémiens de Paris. . 2 vol.
La Femme de l'Ouvrier. . 2 vol.

## Mᵐᵉ CHARLES REYBAUD.

Thérésa. . . . . . . . . . 2 vol.

## MÉRY.

Un Mariage de Paris. . . 2 vol.
Le Transporté. . . . . . . 2 vol.
La Veuve inconsolable. . 2 vol.
Une Conspiration au Louvre 2 vol.

## PAUL FÉVAL.

Le Mendiant noir. . . . . 3 vol.
La Haine dans le mariage 2 vol.

## MOLÉ-GENTILHOMME.

Le château de Saint-James. 4 vol.
Marie d'Anjou. . . . . . . 2 vol.
La Marquise d'Alpujar. . 1 vol.
Le Rêve d'une mariée. . . 2 vol.

## AMÉDÉE ACHARD.

Roche-Blanche. . . . . . . 2 vol.
Belle Rose. . . . . . . . . 5 vol.
La Chasse royale. . . . . 2 vol.

## MICHEL MASSON.

Les Enfants de l'atelier. . 1 vol.
Le Capitaine des trois Cou-
  ronnes. . . . . . . . . . 4 vol.
Les Incendiaires. . . . . . 4 vol.

## SAINTINE.

La Vierge de Fribourg. . . 1 vol.

## LÉON GOZLAN.

La Dernière sœur grise. . 1 vol.

## P.-L. JACOB.

Mémoires de Roquelaure. . 7 vol.

## ROGER DE BEAUVOIR.

L'Abbé de Choisy. . . . . 3 vol.
Mémoires de Mˡˡᵉ Mars. . . 2 vol.

## EUGÈNE DE MIRECOURT.

Madame de Tencin. . . . . 2 vol.
La Famille d'Arthenay. . . 2 vol.

---

Imprimerie D'ÉDOUARD PROUX et comp., rue Neuve-des-Bons-Enfants, 3.

www.ingramcontent.com/pod-product-compliance
Lightning Source LLC
LaVergne TN
LVHW021513170726
843501LV00004B/852